격동하는
개화기 조선 기행

이택순 근대 역사 기행

격동하는
개화기 조선 기행

이택순 근대 역사 기행

주류성

프롤로그

2020년 초, 대륙으로부터 알 수 없는 급성전염병이 퍼지기 시작했다. 코로나라는 신종바이러스에 의한 공포의 호흡기 질환이었다. 코로나 팬데믹으로 거리가 막히고 사회적 격리가 확대되었다. 대재난을 경험하며 나의 일상도 당연히 바뀌었다. 최소한의 접촉과 최대한의 고립이 생존의 비결이었다.

2016년 실크로드를 여행하며 유라시아 역사의 편린이나마 알게 되었다. 2017년 일본열도에서는 결기와 강단의 인간들이 비장한 각오로 미래를 준비했다는 흔적을 확인했다. 다음으로 미 대륙과 태평양 각국을 찾아다니며 한 전설적 전쟁영웅을 통해 미국의 근대 역사와 한국의 역사를 조명해 보고 싶었다.

그 작은 목표도 자연스레 미루거나 봉인해두는 수밖에 없었다.

대안으로 설악과 동해가 더욱 가까이 다가왔다. 설악의 세찬 바람과 동해의 거친 파도는 나의 친구가 되었다. 설악과 동해의 인걸들을 만났다. 틈나는 대로 서울 거리를 걸어 다니며 조선의 근대 역사와 대화를 하곤 했다. 왜 우리는 일본의 식민지로 전락할 수밖에 없었을까? 조선 말기 내부 체제의 결함일까? 외부 침략이 원인일까?

그 사이 진보정권이 무너지고 보수정권이 탄생했다. 권력의 심장부 청와대가 무슨 의도인지는 분명치 않으나, 용산으로 이전하는 대변화가 생겨났다. 북악산으로 가는 길이 금단의 영역에서 풀려 우리의 곁으로 다가온 것이다.

소년 시절, 물장구치고 놀던 삼청 계곡과 북악산 골짜기를 내 마음껏 다닐 수 있게 되었다. 삼청공원에서 말바위를 거쳐 숙정문, 북악의 정상으로 오르내렸다.

자하문(창의문)으로 내려 달리며 인왕산의 잊힌 바위들을 얼싸안고 과거를 회상했다.

추억의 길에는 검고 푸른 성벽이 공룡으로 변해버린 거대도시를 감싸 안고 묵묵히 서 있었다. 북쪽으로는 웅대한 북한산의 만리장성 같은 능선이, 남쪽으로는 멈추지 않는 한강이 실눈처럼 희미하게 펼쳐져 있었다. 그 중간에 눈에 익은 사대문(四大門) 안의 지역과 공간들이 시간의 흐름을 축적하고 있었다.

격리와 고립 속에서 이 도시와 약속한 숙제가 떠올랐다.

150여 년 전 구한말, 이 땅에 존재하던 그 많은 권력 엘리트들은 어디에서 무엇을 했으며 어떤 결과를 만들고 떠나갔는가? '원숭이' 취급받던 이웃나라 일본이 열강과 싸워 세계제국으로 나아가는 동안, 우리는 무엇이 부족해서 그들의 손아귀에 빠져버린 것일까?

시간은 무심하게 흘러갔지만, 그 결과물은 지역과 공간 속에 어떤 모습으로 남아있을까? 이 거대도시의 미로 속에서, 근대 역사의 흔적을 찾아 남은 숙제를 풀며, 여정을 만들어 보겠다는 생각을 실현할 때가 온 것이다. 잊히고 퇴락해 가는 근대의 공간과 인물을 찾아 근대 역사로의 '거리여행'을 시작하기로 했다.

조선의 근대 역사는 일반적으로는 1876년 조일수호조약(강화도 조약)으로 외국에게 문호를 개방하는 시기로부터 시작한다. 강제 병합으로 조선이 패망하는 1910년에 막을 내린다. 그러나 이 책에서는 고종이 왕으로 즉위하는 1863년 전후의 역사를 포함하여 1910년까지 근대 역사 기행을 시도하게 된다. 서울지역을 중심으로 주로 사대문 안과 인천 제물포까지 찾아가기로 했다.

목차

01

암흑의 근대

:

자경전, 조태비의 평생 왕실 생활터

자경전 조대비, 담대한 포석

경복궁의 깊숙한 곳, 왕비의 침소 교태전 동북쪽에 다른 궁궐 건물과는 확연히
다른 수려한 전각이 하나 있다. 화려한 정원과 꽃 담장, 부드러운 전각의 곡선이
빛나는 자경전(慈慶殿)이라 불리는 건물이다. 이 건물은 고종이 양어머니 조대비

자경전의 누각 청연루, 하야한 대원군 세력이 방화한다.

조선의 정궁, 경복궁, 권력의 심장부

를 위해 지은 건물로 3번의 화재를 겪고 중건된 것이다.

조대비는 1808년에 출생하여 1819년 12세에 조선 왕실의 세자빈으로 간택되었다. 70년의 궁중 생활 후 1890년에 흥복전에서 82세에 타계했다. 근대의 여명기에 70여 년의 조선 역사를 깊숙한 왕실에서 묵묵히 목도하며 스러져가는 왕정을 걱정한 여인이었다.

그녀는 신정왕후 조대비(趙大妃)라고 불리며, 순조 임금의 세자인 효명세자의 빈(부인) 이었다. 아버지는 풍은부원군 조만영(1776-1846)이고, 증조부는 일본에서 고구마를 처음 도입한 이조판서 조엄이다. 아버지 조만영은 암행어사로 파견되어 전라감사의 탐학과 민폐를 규찰하고 파직시킨 강직한 인물이었다.

그녀를 떠올릴 때 우리는 안동 김씨 세도정치와 대치되는 풍양 조씨 세도정치의 여인으로 대원군에게 끌려다닌 허수아비, 욕심 많은 고루한 인물로 보는 경향이 있다. 과연 그럴까?

조대비의 아버지 조만영은 사위인 효명세자(조대비의 남편)가 젊은 나이에 요절한 후, 순조의 명으로 세손인 헌종을 보호하는 책무를 부여받는다. 이후 풍양 조씨 일족이 정권에 등용하기도 하나, 권력 운영의 골격은 왕대비 순원왕후(김조순의 딸)의 수렴청정에서 출발했다. 병자호란 때 주전파, 김상헌의 후손인 신 안동 김씨(장동 김문) 세도체제가 굳건히 유지된 가운데 조만영은 일부 견제를 맡는 역할에 국한되었다.

1863년 12월 8일 조선의 25대 임금 철종이 창덕궁 대조전에서 왕세자를 두지 못하고 승하했다. 철종은 이미 2년 전부터 병으로 인해 건강이 몹시 쇠하였다. 정조의 가통을 이은 흥선군 이하응은 왕의 와병 사실을 알고, 자기 아들로 하여금 대통을 잇게 하려는 야망을 품고 있었다.

왕위 계승자가 없을 때는 국법상 왕실의 여성 중 최고 어른인 대왕대비가 후계자 지명권을 가지고 있었다. 그리고 대왕대비는 어린 왕이 경험을 쌓을 때까지 국정을 맡아 일정 기간 수렴청정을 하도록 되어 있었다. 순조의 비인 안동 김씨 순원왕후(1789-1857)가 1857년 타계하고 왕실의 최고 지위를 신정왕후 조대비가 이어받았다. 야사에 의하면 안동 김씨 세도정치에 숨죽이고 지내던 흥선군 이하응은 조대비에게 접근하는 계책을 세웠다.

흥선군은 종친부의 일을 맡고 있었다. 종친을 관리하는 부서(종부시)의 관리 이호준의 사위가 조대비의 친정 조카(조성하)임을 알고 이호준에게 접근한다. 흥선군의 둘째 아들로 왕통을 잇게 하자는 서신을 조성하를 시켜 조대비에게 전달한다. 조대비는 이 구상에 동의하고 후계자 내정 계획을 굳혔다. 이 공으로 이호준과 그의 양자 이완용은 고종 집권 내내 총애를 받고 고위직에 등용된다. 분에

왕비의 침소 교태전, 후원 아미산

넘친 영예는 결국 이완용을 기회주의적 매국노로 빠지게 한다.

순조 때부터 60여 년간 권력을 장악한 안동 김씨였다. 쉽게 포기할 권력이 아니었다. 안동 김씨 실력자 김병학(철종의 처남, 대사헌), 김병국(훈련대장) 형제와 종형제 김병기(호조판서)가 철종의 후계자 선정 문제로 대궐에 입궐하려 했다. 조대비가 병실을 선점하고 자리를 뜨지 않아 철종에게 접근조차 불가능했다. 한발 늦은 안동 김씨는 후계자 논의에서 밀려나 정권을 빼앗기게 되었다. 노련한 조대비의 계책이었다.

조대비는 철종이 승하하자 옥새를 들고 자기 방으로 갔다. 그녀는 철종의 승하 닷새 만에 12월 13일 흥선군 이하응의 둘째 아들인 이명복(12세)을 세명세자의 아들로 입양하고 신속하게 후계자로 지명했다. 안동 김씨의 세도정치는 그 막을 내리고 정권은 조대비의 손에 들어갔다.

수렴청정으로 권력을 장악하고, 안동 김씨 세도 정권을 끝내려는 조대비의 담대한 포석은 즉시 효력을 나타낸다.

조대비의 교서를 전달하러 영의정을 지낸 정원용(1783~1873년)이 흥선군의 운현궁 자택으로 달려갔다. 허름한 집안 마당에서 흥선군의 둘째 아들 이명복(고종)이 형 이재면(1845~1912년)과 연놀이를 하고 있었다. 백발의 늙은 영상은 아들 앞에 꿇어앉아 "이 늙은 신하가 이제 새 임금을 모시게 되었습니다." 눈물을 흘리며 말했다. 놀라서 어머니 민씨의 손을 꼭 잡고 있던 이명복은 이렇게 입궐하게 되었다.

국법상 조대비의 수렴청정은 1863년 12월 13일 고종의 즉위와 동시에 시작되었다. 수렴청정은 1866년 2월13일까지 2년 3개월간(고종 나이 15세) 계속되어 비교적 짧게 끝났다.

왕의 집무실인 편전에서 수렴(발)을 설치하고 5일에 한번 정사를 처리하며 왕의 보고를 받고 하교를 내린다. 여성의 정치 참여를 엄금하는 유교 국가 조선에서 수렴청정은 왕권을 수호하고 왕실 여성이 합법적으로 정치에 관여할 수 있는 유일한 통로였다.

수렴청정이 끝나 물러나면 국정에 관여하는 것이 금지되었다. 왕실의 최고 어른으로 국왕을 거쳐서만 의견을 표할 수 있으나, 조대비는 전임 왕대비들에 비해 자제하는 겸양의 자세를 견지하려고 무던히 노력했다.

이 원칙에서 벗어나서 현직 왕비로 국정에 깊이 관여한 사례가 며느리 민비의 정치개입이었다. 왕의 뒤에 발을 치고 대신들과 접견하는 외교관의 발언에 참견하며, 고종을 조종하는 행태로 마치 수렴청정을 하는 대왕대비 행세를 한 것이다.

이해하는 편에서는 민비는 고종의 정치적 동반자로 흥선대원군을 권좌에서 물러나게 하는 정치적 지분이 있었다고 말한다. 그러나 전통 논리로 보면 명분과 법칙에 어긋나는 것이었다. 민비에 대한 평가가 부정적으로 치우칠 수밖에 없었다.

조대비는 이러한 면에서 민비와 대비되는 왕실의 어른이었다. 그 음성이 대비전의 병풍을 넘어간 적이 한 번도 없었다.

조대비는 안동 김씨와 대원군을 견제하고 고종의 왕권을 강화하려는 평생 후원자였다. 안동 김씨 세도는 척결되었지만, 고도의 수완가 대원군과 보이지 않는 싸움, 견제와 균형을 유지하려고 항시 긴장하고 있었다.

자경전의 부속 건물. 자경전 상궁과 내인의 거소

경복궁 중건, 대원군의 야심

조선 근대사의 마지막 권력 메이커 신정왕후 조대비가 평생을 보낸 또 다른 전각 경복궁 흥복전(興福殿)에서 조대비와 근대의 흔적을 찾아본다. 흥복전은 왕비의 침소인 교태전 후원 아미산 뒤, 넓은 터에 자리 잡았다. 조대비는 평소 동쪽의

흥복전 정면. 한복을 빌려 입은 외국인 관광객들이 즐겨 찾는다.

자경전에서 생활하지만, 흥복전에서 연회를 베풀거나 공식 나들이하는 건물이었다. 고종은 이곳에서 외교사절을 맞기도 했다. 조대비는 1890년 흥복전에서 생을 마치게 된다.

70여 년을 구중궁궐에 몸담고 근세와 근대의 격변을 목격한 그녀의 실체는 어떤 모습이었을까? 대원군에게 휘둘린 세상 물정을 전혀 모르는 여린 여인일까? 준비된 능력 있는 리더였을까?

조대비는 남편이 죽고 6개월, 시아버지 순조가 죽고 1년여, 아들 헌종이 죽고 6개월 동안 삼대에 걸쳐 슬픔에 곡소리와 눈물이 마르지 않았다. 주변에서 건강을 걱정할 정도로 오랜 기간 비통에 잠겨 있는 효부였다.

1863년 조대비의 수렴청정은 철종의 사망 후, 고종의 즉위와 동시에 시작되었다. 그녀의 나이 56세였다. 남편인 효명세자가 1831년 대리청정 중 사망한 지 32년을 홀로 외롭게 지내온 세월이었다. 안동 김씨 세도를 이어온 시어머니 순원왕후 김 씨의 전력을 따라, 조대비가 단순히 친정인 풍양 조씨로의 권력 이양만을 시도했을까?

그녀에게는 준비된 국정전략이 있었다. 요절한 남편 효명세자(순조의 아들, 익종)의 정책 계승이었다. 조대비의 남편 효명세자는 조선의 왕세자 중에서도 가장 영특하고 출중한 촉망받는 인물이었다. 세자로서는 드물게 성균관에 입학해 정규교육을 받았고, 할아버지 정조의 개혁정신을 이어받았다. 후일 개화파의 정신적 지주가 되는 연암 박지원의 손자 박규수와 동문수학하고 특별히 가깝게 지냈다. 아버지 순조로부터는 안동 김씨 일파의 세도정치를 타파하라는 대리청정의 소임을 받았다.

남편의 깊은 영향을 받은 그녀는 이전의 대비들과는 매우 달랐다. 그녀는 집권하자마자 신속하게 사헌부와 사간원 등 사정기관을 장악하고 국정개혁에 돌입했다. 1865년 4월 2일 조대비는 흥선대원군에게 중요한 국책 전략을 주문했다.

"안동 김씨 세도정치 폐해를 타파하고, 종친들을 국정에 참여케 하며, 경복궁

자경전의 꽃담, 조선 왕실 문화의 상징이다.

을 중건하여 국가 기강을 확립하라. 지방관리의 부패를 일소하여 백성을 편안케 하며, 과거제의 폐단을 개선하라"는 것이었다.

　흥선대원군의 개혁 치적으로 말하지만, 실질은 조대비가 흥선대원군에게 하명하여 추진한 것이다. 대원군이 책임진 경복궁 중건 대건축 공사는 예산과 물자 조달, 인력 수급 , 책임자 임명권으로 소위 떡고물이 부지기수 굴러떨어졌다. 대원군에게 막대한 이권과 재력을 축적하고 인사권을 장악할 기회를 주게 된다.

　경복궁 중건을 위해 의정부에서는 강제적인 재정 마련과 백성의 강제 동원을 건의하지만, 조대비는 간곡히 당부한다.

　"가엾은 저 쪼들린 백성들은 환곡과 군포 같은 것을 해마다 마련하기도 어려운

단아한 흥복전, 조대비의 절제

데, 며칠씩 부역한다면 어찌 불쌍하지 않겠는가! 백성을 동원하는 문제는 접어두라! 부유한 백성들에게 잘 알려 의연금을 내는 것은 허락하나, 그에 상응하는 특별한 성의를 표할 것이다. 임금의 일가(전주 이씨)를 부역에 나서게 하라."

조대비는 왕도정치를 말한다. "백성의 농사지을 때를 빼앗지 말라는 도리에 어긋나고, 불쌍한 백성들이 부모를 섬기고 자식을 양육하는 것이 어려워질 것"을 염려하며 백성 동원을 엄히 금지하였다. 백성의 고혈을 짜고 재물과 권력욕에 찌든 19세기 세도정치로 부패한 고위 관료들의 행태를 비교해 볼 때 가히 성군(聖君)의 모습에 가깝다 할 것이다.

이에 반대되는 주장으로 조대비는 풍양 조씨 척족을 중용했고, 보수적 왕권을

자경전 외곽 담장. 품위의 왕실

수호하며 쇄국정책으로 일관하여 천주교를 탄압했다는 것이다. 역대 왕대비의 수준에서 벗어나지 못하는 형식적인 고백에 불과하다는 논리들이다.

그렇다 치더라도 그녀에게는 효명세자의 유업과 자제력과 분별력이라는 특별한 정치적 덕목이 있음을 우리는 인정하지 않을 수 없다.

조대비의 수렴청정은 고종이 20세 될 때까지 5년 더 계속될 수 있었지만. 그녀는 집권 3년 만인 1866년 2월(고종의 나이 15세)에 수렴청정을 종료하고, 고종에게 대권을 넘기는 결단을 내린다.

"내가 전례를 따라 정권을 맡았으나 이는 국가의 큰 불행이다. 정권을 맡은 이후 국력은 날로 쇠약해지고 민생이 날로 곤궁해지니, 이를 수습 못 한 것은, 내가

자경전의 송림, 70년 역사의 축적

있지 않을 자리에 있음으로 인한 것이다. 새 왕은 아직 어리고, 나는 늙어 식견이 없으며, 나의 외척 조 씨들에게 국정을 전담하게 하면 반드시 지난날 안동 김씨처럼 될까 두렵다. 나라 정사가 긴급하니 흥선대원군을 모셔 국정운영을 도모하게 하라" 조대비의 교지였다.

본인의 집권 기간동안 국정의 실패를 솔직하게 인정하는 반성과 성찰의 발표 (교지)였다. 외척의 정치개입을 차단하며, 안동 김씨는 물론 자신의 친정인 풍양 조씨의 세도정치를 동시에 경계하는 지도자로서의 면모를 보인 것이다.

국정을 제3의 세력인 흥선대원군에게 맡기되 왕권을 강화하며, 남편인 효명세

2023년 복원된 광화문월대

자가 추진하려 했던 대 개혁책을 주문했다. 현대식으로 말하자면 회사의 경영권을 가족경영에서 벗어나 전문경영인 흥선군 이하응에게 위임한 것이다.

조대비는 흥선군 이하응을 드라마틱하게 역사에 등장시켰으나, 호시탐탐 이하응은 그 범위를 일탈해 자신의 권력을 구축했다. 조대비가 안동 김씨 세도를 뽑아내기 위해 대원군을 카드로 쓴 이이제이 전략은 서서히 어긋나기 시작했다.

고종 4년, 1867년 3년여의 대 공사 끝에 역사적인 경복궁 중건은 완료된다. 임진왜란으로 불타버린 지 270여 년, 무너지는 조선의 권위를 회복하며 왕족과 후손에게는 크나큰 자존감과 국력의 과시가 되었다. 완공된 경복궁으로 고종 5년

1900년대 초 촬영된 광화문과 월대

(1868년) 7월 2일 이전하며 대원군은 새 시대를 맞이했다고 자부했다. 그러나 국력이 피폐한 시기에 막대한 비용이 드는 건설사업은 국가의 재정과 백성을 궁지에 몰았던 실패한 정책이었다.

경복궁 중건 책임을 맡은 후, 흥선대원군은 독자 세력을 구축하는 데 성공한다. 프랑스와 미국의 외침을 핑계로 전권을 장악한 후 일인 독재체제로 흘러간다. 믿는 도끼에 발등 찍힌 조대비는 대원군의 왕권 무시와 독주, 실정에 민심이 등을 돌리는 것을 목격하며 반격의 기회를 노린다.

보수파 최익현의 상소를 계기로 조대비는 고종의 친정을 지지하고 대원군의 축출에 가세한다. 대원군의 실권은 민비의 작품이 아니라 조대비의 결단이었다는 주장이 유력하다. 며느리 민비의 정치개입에 대하여도 경계하고 있었으나, 사태가 커질까 염려하여 신중하게 충고하였다.

"조대비는 어린 주상(고종)을 존대하고 예우하여, 주상을 만날 때마다 반드시 일어나 앉았다. 80세 노인이 되어서도, 몸이 편안치 않은 중이라도 주상이 방문하면 언제나 일어나 앉았다." 고종실록에 쓰인 기록이다.

1890년 4월 17일 대왕대비는 경복궁 흥복전에서 83세에 별세했다. "백성을 편안하게 하라(安民)"는 조대비의 간곡한 가르침 한 마디는 고종의 집권 내내 미완의 국정과제였다.

고종은 세자와 함께 광화문월대에 나아가 평생의 후견인 조대비의 상여가 나가는 것을 지켜보며 흐느꼈다. 1890년 5월 20일 "백성이 편안해야 나라가 편안할 수 있다"라는 조대비의 뜻을 새기는 '안민윤음'을 발표했다.

이것은 자기 자신과 주변 권력자들에게 내리는 통렬한 반성의 천명이었다. 외세의 개입 속에, 생부인 대원군과의 끊임 없는 권력 갈등, 민비의 여흥 민씨 일족에 의지할 수밖에 없는 우유부단한 군주 고종이었다.

양어머니 조대비는 우러러보는 하늘이자 의지할 수 있는 땅이었다. 고종은 슬픔 속에 조대비를 이별한다.

개화의 새벽, 청계천의 선각자

　물길이 살아난 청계천에는 겨울의 평화로운 정적이 고층빌딩 사이로 고요히 흐르고 있었다. 오늘 우리는 청계천과 종로2가를 거닐며 근대의 선각자를 찾아 나섰다. 역사 속에 존재하는 150년 전 인물을 이 빌딩의 숲과 인파 속에서 어떻

북악산과 인왕산 물이 합수되는 청계천의 시발점

게 만날 수 있을까?

조선은 영·정조의 짧은 부흥기를 지나고, 19세기에 숨이 막힐듯한 폐쇄의 시대 순조−헌종−철종 시대를 맞이한다. 이 암울한 시기의 어느 해, 1831년 청계천을 마주한 두 동리에서 19세기 개화를 이끄는 걸출한 두 인물이 출생한다. 한 사람은 현재 한화그룹 본사가 있는 장교동에서 출생한, 중인 출신의 역관(중국어 통역관) 오경석(1831~1879)이다.

또 한 사람은 현재 종로 2가 보신각 뒤 관철동에서 출생한 한의사 유홍기(1831-1884?)라는 인물이다. 종로2가 관철동은 사람이 구름같이 모인다는 운종가(雲從街)의 중심으로 조선시대에도 번창했고 현재도 북적대는 최고의 상가 지역이다.

청계천이 관통하는 남쪽 장교동, 오경석의 집터

장교동과 관철동을 연결하는 장통교

장교동과 관철동은 청계천을 경계로 나뉘지만, 장교다리(장통교)를 건너면 5분 만에 닿을 수 있는 바로 가까운 거리이다. 두 중인(中人) 집안은 한학과 의술을 교류하며 자연스럽게 알고 지냈다.

오경석(1831-1879, 호 亦梅)은 조선 역대로 중국어 통역관을 배출한 중인 집안이다. 그의 아버지 오응현은 역관으로는 드물게 지중추부사라는 판서급(정2품)의 치적을 인정받았다.

그의 아들 오세창(吳世昌)도 1919년 삼일운동의 주체인 33인에 들어 있는 지식인, 독립운동가가 되는 중인(中人) 명문가였다. 그의 집안은 북경으로 가는 사절단을 수행하며 중국을 수시로 드나들었다. 자연스레 신문물과 희귀한 책, 약재,

청계천의 징검다리. 남촌과 종로 북촌을 연결한다.

자재 등을 구입해 유통하며 상당한 재력도 축적했다. 오경석의 5형제가 모두 역관 시험에 합격할 정도로 중국 정세에 전문적 식견을 가지게 된다.

오경석은 1846년 16세에 역관 시험에 합격하며 관계에 입문한다. 1853년(철종 4년) 23세에 외교사절의 일원으로 생애 최초로 북경을 방문한다. 북경에서 1년여를 체류하고 중국 말과 문물을 익히며 중국의 유력인사들과 교류한다. 그 후 해외 견문이 어려운 그 시기에 20대 초반부터 13회나 중국에 체류하며 언어와 문물을 익혔다. 오늘날로 비교하면 국비유학생이나 주재 외교관 격으로 그의 가족 전체가 중국 전문가였다.

그가 처음 북경에서 가져온 새 책이 세계정세와 지리에 관한 '해국도지(海國圖

2022년 겨울 관철동 번화가, 유홍기의 집터

志 60권, 위원 저)'와 '영환지략(瀛環志略 10권, 복건순무/ 서계여 저)'이라는 놀라운 책이었다. 수백 년 동안 사서오경에 몰입된 조선 지식인들에게는 혁명적인 세계관을 보여주는 불온한 서적일 수도 있었다.

중국은 이미 1840년에 아편전쟁에서 패배하여 영국의 침략을 받고 있었고, 천주교의 전파와 서양의 과학지식이 광범위하게 유포되고 있었다. 오경석은 숨겨온 이 책을 한학에 출중한 친구 유홍기에게 전해준다. 유홍기의 관철동 사랑방에서 수시로 지식을 공유하며, 개혁 개방에 대한 신념과 개화사상을 쌓아가게 된다.

유홍기(호 大致)도 역관 출신 유익소의 차남으로 한의업에 종사하는 중인이었다. 추사 김정희에게 글을 배울 정도로 한학 실력이 뛰어나고, 역사문제에 호기

청계천의 연결다리, 광교

심이 충만한 선각적 지식인이었다. 게다가 조선 유학자와는 달리 불교를 믿으며, 6척이 넘는 장대한 체구와 홍안에 백발로 생기가 넘치는 호걸풍의 인물이었다. 한의사인 직업상 재력도 단단하고 그의 교우 범위는 각계각층을 망라하고 있었다.

그는 성리학에 찌든 당시의 양반과는 달리 서대문 밖 봉원사(새절)에 수시로 드나들며 스님들과 교우하

고, 불경과 교리를 익혀 불교의 평등주의에 기울고 있었다. 봉원사에서 만난 개화스님 이동인은 유홍기에게는 천군만마 격이었다.

후일 개화파의 거두 김옥균과 홍영식 박영효 서광범 유길준 등이 신촌 봉원사와 동대문 밖의 탑골승방(보문사), 수유리 화계사를 개화의 거점으로 삼게 되는 것도 유홍기의 불교적 영향력 때문이었다. 중국 전

복원된 청계천, 역사도 복원되었다.

문가와 한학 실력자, 그리고 신분상으로도 중인인 두 사람이다. 자연스레 친교를 돈독히 하며 오경석을 통해 수입한 신서적을 돌려보며 토론과 논의가 이어진다. 그들은 어느새 중국에서 벌어진 아편전쟁과 서세동점으로 조선의 장래를 걱정하는 우국지사가 되고 있었다.

그 시기는 오경석이 북경을 처음 방문 후 귀국한 1854년부터 1859년 사이로 추정된다. 특별히 유홍기는 언변이 뛰어나고 지식 습득 능력이 출중하였다. 후일 그를 백의정승(白衣政丞)이라고 세상은 말하게 된다. 당대를 이끌 수 있는 대단한 인물이었단 평가이다.

세도정치가 무너지고 새로운 실력자가 등장하는 1860년대가 도래한다. 안동 김씨 세도정치하에서 숨죽이고 살던 왕족 이하응(흥선대원군)이 왕위 계승 지명권자인 조대비에게 접근하여 둘째 아들 이명복을 새로운 왕(고종)으로 등극시키는 데 성공하였다.

청계천의 두 인물 오경석과 유홍기, 개화의 선각자들은 이제 개화사상을 이끌어나갈 새로운 동력을 찾아 후원자와 주도 세력을 물색하게 된다.

오백년 성리학의 나라 조선에서 개화 세력은 어떤 부침과 저항을 겪을 것인가?

02

개혁의 선구자

재동 헌법재판소(창덕여고 터), 박규수 홍영식 이상재의 집터

권력 엘리트, 북촌(北村)의 영걸

　청계천 남쪽 장교동과 북쪽 관철동에서 근대의 선각자, 오경석과 유홍기의 자취를 발견했다. 다시 발걸음을 옮겨 북촌(北村)으로 향한다. 청계천 광교에서 조계사 앞, 안국동 사거리에서 재동 사거리(안국역 사거리) 방향이다. 지하철은 3호선 안국역 2번 출구이다.

　여기서 100여 미터를 북쪽으로 이동하면, 서편으로 헌법재판소 건물이 낮은 언덕에 거창하게 자리 잡고 있다. 북촌 골목에는 현대적으로 리모델링한 한옥카페와 레스토랑에 청춘들과 관광객이 몰려들어 세월의 변화를 실감케 한다.

　북촌(北村)은 조선시대에 경복궁과 창덕궁 사이에 자리한 왕족과 양반 관료들의 집단 거주지였다. 이들은 임금 곁에 가까이 위치하며 궁궐이나 정부 기관에 근무했다. 지방 발령을 받아도 집은 이곳에 유지하며, 독특한 양반문화를 유지하는 이른바 조선의 현직 권력 엘리트들이 주로 거주하는 곳이다. '남산골샌님'이라 불리는 과거 낙방생, 몰락 양반, 중인들이 거주하던 남산 아래 남촌(南村) 과는 그 문화가 확연히 구분되는 곳이었다.

　북촌의 거주자는 당파로는 조선 후기 지배층인 노론 계열이며, 안동 김씨(장동 김씨), 풍양 조씨, 여흥 민씨 등 명문거족이 다수였다. 신분이 달라도 재산이 많거나 명망이 있는 중인은 이곳에 집을 가질 수 있었다.

　현재의 지명으로 보면 삼청동, 안국동, 가회동, 화동, 제동, 계동, 인사동, 경운동 정도가 될 것이다. 북쪽에는 수려한 북악산이 위치하고 남향으로 배치되어 일기는 매우 온화하다. 북악의 맑은 공기와 물이 풍부하고, 종로 청계천의 시장이

북촌의 한옥 거리, 살아있는 근대거리

근접해 최고의 주거 입지라고 할 수 있었다. 지금의 율곡로는 일제강점기(1931년)에 새로 생긴 도로이니까, 북촌은 바로 경운동 인사동 관훈동까지 직접 연결된 같은 동네인 것이다.

헌법재판소 내곽 안 정원이 우리가 두 번째 만나는 개화 인물 박규수(朴珪壽 1807~1877)의 집터가 있는 곳이다. 다행히도 헌법재판소는 이 역사적 유적의 존재를 아는지 유적 답사객에게 출입을 친절하게 허용하고 있다. 이 유구한 언덕에서 조선 500년을 묵묵히 지켜본 백송도 겨울 오후 따사한 해를 받으며 은은한 미소를 짓고 있었다.

헌법재판소 언덕의 백송, 5백 년 역사의 흔적

집터는 헌법재판소 내로 들어가 북쪽 주차장 쪽 잔디정원에 위치한다. 개화파로 삼일천하 비운의 인물 홍영식(洪英植)의 집도 바로 옆에 있었다. 박규수가 현역 우의정이었고, 홍영식은 이조참판, 그의 아버지 홍순목도 당대 영의정으로 이곳에 거주했다.

또 다른 개혁 인물 월남 이상재도 이곳에 살았다는 표석이 남아있으니, 대단한 세도가의 동리임은 분명하다.

바로 서쪽 담장을 마주하면서 전직 대통령 윤보선 가(家) 아흔아홉 칸의 저택이 있다. 개화파 윤치호가 윤보선의 당숙(할아버지의 형) 임을 알고 나면 북촌이 어

안국동 윤보선 가 저택, 99칸 전통가옥

떤 인물들이 거주하는 곳인지 실감 난다. 윤치호의 아버지 윤웅렬도 군대 내 개화
파로 당대의 군부대신이었었다.

오경석과 유홍기는 개화론을 확산시키기에는 신분상 제약을 실감했다. 중인의
신분으로는 정치 참여가 제한되기 때문에, 양반가의 대표적 개혁 인물을 물색하
여 지도자로 옹립하는 것이 필요했다.

양반 관료 중 최고의 개혁적 인물이라고 지목한 사람은 당시 한성부윤 겸 형조
판서 박규수이었다. 박규수는 열하일기로 유명한 연암 박지원(朴趾源)의 손자
였다. 박규수는 할아버지 연암 선생의 학풍을 계승하여 실사구시의 실학과 한학
에 출중했다. 다만 연암 선생은 가세가 빈한하여 서대문 밖에 거주했고, 박규수의

대원군의 거소, 운현궁 안채

아버지 박종채도 큰 벼슬을 하지 못했다는 기록으로 볼 때 박규수가 이곳에서 터를 잡고 생활한 것은 당대에 이루어진 듯하다.

　여기서 5백여 미터 서북쪽 홍현 언덕, 현재 정독도서관(구 경기고 운동장)에 개화파의 리더 김옥균과 김홍집, 서재필이 살고 있었다. 서기가 어린 곳이라 할 수 있다.

　민비가 7세부터 거주하던 친정집인 감고당(덕성여고 교정)도 박규수의 집에서 350미터 정도 서쪽으로 떨어진 곳이다.

　박규수 집 남쪽 율곡로 바로 건너편 운니동에는 고종 임금의 생가이며 흥선대원군 이하응의 집 운현궁과 철종 임금의 사위인 개화파 박영효의 집(인사동 경인미

술관 자리)이 바로 인접한다.

　반경 오백여 미터 거리, 같은 동네 북촌에서 미래의 임금과 왕비(고종과 민비)가 어린 시절을 보내고 있었고, 천하의 권력자 대원군 이하응과 피가 끓는 개화파 박규수, 김옥균이 공존하고 있었다. 아마도 그들은 자주 마주치고 서로를 잘 알고 있었을 것이다.

　모두가 북촌 사람이다. 그들 중 어떤 사람은 임금과 왕비로, 또 어떤 사람은 권력자와 역적으로, 보수와 개화파로 삶의 길이 나뉘어, 어두운 조선의 근대 역사를 걷게 된다.

박규수 사랑방, 근대의 산실

　1870년 어느 날 형조판서 박규수(朴珪壽 1807-1876)의 집, 북촌 재동 사랑방에 청년들이 둘러앉았다. 그는 할아버지 연암 박지원이 북경에서 가져온 지구본을 꺼내 들었다. 지구본의 중국을 가리키며 말했다. "이리 돌리면 미국이 있고, 저리 돌리면 영국이 있다. 중국만 세계의 중심은 아니구나. 세상은 넓구나!"

재동 박규수 집터, 헌법재판소 뒤 정원

그 자리에는 북촌에 사는 똑똑하고 소문
난 김홍집(대사헌 김영작의 자), 김옥균(강릉부
사 김병기의 자), 홍영식(영의정 홍순목의 자), 박
영교(진사 박진양의 자)가 집중하며 듣고 있
었다. 중화사상(中華思想)에 물든 당시에는 충
격적인 말이었다.

역매 박규수. 국제주의자 개화의 이론가

박규수는 어릴 적부터 학문에 뛰어났고 이
름났다. 연암 박지원의 손자라는 배경도 있
었다. 순조의 아들인 효명세자에게 사서삼경
강론도 하고 절친하게 지냈다. 그러나 효명세
자가 22세로 단명하는 바람에 큰 충격을 받

고 오랫동안 칩거했다. 효명세자의 부인은 당시 호조판서, 조만영의 딸로 후일 대
원군 권력의 산파가 되는 조대비(신정왕후)였다.

박규수는 나이 31세에 과거에 급제했으니 관계 진출은 상당히 늦은 편이었다.

1861년(철종 12년), 서양 열강에 의해 수도가 침탈당한 청나라 위문사절의 수
행원으로 북경에 6개월 체류하며 중국 정세를 파악한다. 생애 처음 북경 방문이
었다. 사대의 나라 청나라가 서양 열강에게 침략당한 실태와 피해상을 보며 놀란
가슴을 주체할 수 없었다. '서양의 침략은 우리 조선도 피할 수 없는 것인가'라는
엄청난 고뇌에 직면한다. 그의 정세 판단도 안동 김씨의 세도정치하에선 무력하
기 짝이 없었다. 능력은 제쳐놓고 문벌과 당파, 재물이 좌지우지하는 세상이었다.

운명은 그를 비켜 가지 않았다. 1863년에 철종이 후사 없이 승하했다. 왕실의
최고 어른이 된 조대비(신정왕후)와 흥선대원군(이하응)의 계략으로 이하응의 둘째
아들이 왕(고종)이 된다. 조대비와의 인연으로 박규수는 권력 주류로 단숨에 들어
선다. 도승지와 대사헌의 요직으로 영전하며, 1866년 나이 60세에 평안도 관찰
사로 부임한다.

고색창연한 박규수 집터 담장

　부임 몇 개월 만(8월)에 미국 상선 제너럴셔먼호가 통상을 요구하며 대동강으로 불법 침입한 사건이 벌어진다. 이를 단호히 처리하며 대원군의 신임도 얻게 된다. 이어서 벌어진 불란서 함대 침입 사건(병인양요) 위기 시에는 역관 오경석이 등장한다. 역관 오경석은 북경에서 인맥을 활용하여 불란서 함대에 관련된 효율적인 정보를 수집해왔다. 외세에 대처하는데 일조하며 박규수와 깊은 신뢰를 쌓게 된다. 다음 해 미국 동양함대의 슈펠트가 제너럴셔먼호 실종 사건 경위 조사를 위해 대동강에 왔다. 박규수는 일련의 사건을 처리하며 국제관계와 통상문제에 상당히 눈을 뜨게 되었다. 그가 국제주의자라고 불리는 까닭이다.

1869년에는 한성판윤 겸 형조판서로 부임했다. 이때부터 박규수의 집 재동사랑방(현 헌법재판소, 옛 창덕여고 터)에 개화론의 선구자 오경석과 유홍기가 출입하며 개화사상을 확산시키기로 의논한다. 그 대상은 전도유망한 북촌(北村)의 젊은 엘리트였다. 정권의 유력인사인 박규수의 합류는 기름에 불을 붙인 듯 개화사상은 확산하게 되는 계기를 맞는다.

1872년 박규수는 청국 방문 사절단장으로 두 번째 북경 방문을 하는데, 때마침 역관 오경석이 수행한다. 둘은 오랫동안 대화를 나누며 서양의 침략, 청국의 쇠락, 일본의 메이지유신 등을 보며 조선의 생존책을 논의한다. 국정의 쇄신과 문호의 개방으로 개혁하지 않으면 조선은 커다란 위험에 빠질 것이라고 확신하며 개화 세력을 육성하는 데 주력하기로 다짐한다.

이때부터 시차를 두고 북촌에 거주하는 양반 자제인 김윤식, 김홍집, 박영교(박영효의 형), 김옥균, 홍영식 등 유력인사의 자제들이 문하생으로 1차 입문한다. 이어서 유길준(동부승지 유진수의 차남) 박영효(철종의 사위 금릉위) 서광범(이조참판 서상익의 자) 윤치호(병조판서 윤웅렬의 자) 등 쟁쟁한 준재들이 박규수의 사랑방에서 개화사상에 입문하게 된다.

교재는 박제가의 북학의(北學議), 세계전략 지리서인 해국도지(海國圖志), 영환지략(瀛環志略) 등이었다. 박규수는 실학, 오경석은 중국 및 과학기술, 유홍기는 세계 지리와 불교의 평등사상을 강연하게 된다.

1873년, 정권은 대원군으로부터 젊은 고종과 민비 정권으로 바뀌며, 우의정인 박규수도 새로운 바람을 기대해 본다. 그는 실력 배양 후 개항과 개국을 주장하며, 대 일본 개국도 건의하지만, 척사론자들의 규탄으로 오히려 한직인 수원유수로 쫓겨난다. 이미 일본은 메이지유신(1868년)으로 근대화의 기치를 걸고, 1875년 조선 수교를 목적으로 군함 운양호를 파견하며 서양 열강국처럼 도발할 것을 예견한 것이다.

그 결과 1876년에는 일본과 강화도 조약이 체결되고 불평등 문호 개방이 이루

북촌의 현대 한옥가, 개화파의 사랑방

어지는 상황을 맞는다. 자연스레 조선은 일본에 눈을 돌리며 개화파의 관심도 청국에서 일본의 발전과 부흥으로 집중된다.

　1877년, 합리적 개방론자이며 국제주의자로 평가받는 박규수는 70세로 운명하고 동지 오경석도 병으로 쓰러진다. 재동 사랑방은 굳게 닫히며 개화론은 그 지도 세력을 잃는 처지가 되고 말았다. 이로써 개화의 삼 거두, 박규수 오경석 유홍기 중 유홍기만 홀로 남게 되었다.

　홀로 남은 유홍기는 개화 세력을 어떻게 끌고 나갈 것인가? 제자 김홍집, 김옥균, 홍영식, 박영효에게는 어떤 운명이 회오리칠 것인가? 조선의 개혁은 어디로 향할 것인가?

봉원사의 봄, 개회승 이동인

　이화여대와 연세대 사이의 안산(금화산) 기슭에 천년 고찰이 있다. 서울 사람이라면 누구나 한 번쯤은 부모님 손잡고 가본 적이 있는 애잔한 기억이 스며 있는 사찰이다. 원래 신라 진성여왕 때 도선이 지은 이 사찰은 연세대 캠퍼스 안쪽에

신촌 봉원사, 개화의 아지트

있었다. 화재로 소실된 사찰을 영조 때(1748년) 현 위치에 중건하면서 '새 절(봉원사)'이라 불리게 된다.

새 절 가는 길은 원래 두 코스가 있었다.

한 코스는 독립문 넘어 금화산에 올라 정상에서 좌측으로 가는 길이다. 초대 일본 공사 하나부사도 서대문 금화국민학교 자리의 일본 공사관에서 1880년에 이 길을 넘어 새 절의 승려 이동인을 만나곤 했다. 유흥기와 김옥균 등 북촌의 개화당 청년들도 북촌에서 출발해 이 길을 따라갔다.

또 한 코스는 북아현동 개울길 따라 중앙여고 옆길로 언덕을 넘어가는 길이다. 일명 복주물 코스다. 가파른 언덕이지만 금화산 코스보다 수월하고 안전해 많은

대원군의 아소정 건물, 봉원사로 이전 개축되었다.

눈 덮인 왕실 사찰, 흥천사. 최근 중창불사로 재생하였다.　　봉원사 대웅전 삼천불전, 태고종의 본산

사람이 이용했다.

　신촌 연세대 입구 세브란스병원 앞으로 돌아가는 길은, 멀고 불편해 사직터널이 개통되고 교통이 편리해진 최근에 애용하는 길이 되었다.

　조선은 유교를 숭상하는 억불숭유(抑佛崇儒) 정책을 국책으로 채택하고 불교를 철저히 탄압했다. 한양도성 안에는 새로운 사찰은 신축할 수 없었고 기존의 사찰도 활동을 제한하거나 화재로 소실되면 없애 버렸다.

　단 하나의 예외가 태조 이성계가 둘째 부인 신덕왕후의 명복을 빌기 위해 신덕왕후의 능인 정릉(현재의 정동)에 1397년 완공한 사찰이다. 왕실 사찰로 유서 깊은 흥천사도 1504년 화재로 소실되어 폐허가 되었다. 1569년 왕명으로 신흥사라는 이름으로 신덕왕후의 능이 이전된 혜화문 밖 돈암동 현재의 위치에 중창되었으며, 1865년 흥선대원군의 지원으로 보수하며 흥천사라 하였다. 흥천사는 최근에 대대적으로 보수하며 옛모습을 찾게 되었다.

　갑오개혁(1894년)으로 승려의 도성 출입이 해금될 때까지 한양도성 내에 공식적인 사찰은 한 곳도 존재할 수 없었다.

수유리 화계사 일주문, 동북쪽의 대표 사찰

　그럼에도 왕실의 여인들과 시정의 여인네들은 남존여비의 차별 속에서 부처님의 자비로운 품을 찾지 않을 수 없었다. 왕실을 중심으로 궁 안에 내원당이라는 조상의 명을 기리는 작은 불당을 두거나 개인의 집에서 부처님 모시는 일까지 막을 수는 없었다.

　따라서 공식적으로는 한양도성에 가장 근접하며 전통 있는 절은 서대문 밖으로는 새 절(봉원사), 북한산 진관사와 동대문 밖으로는 왕실 사찰인 돈암동 흥천사, 탑골승방(현재 보문사), 수유리 화계사, 한강 건너 봉은사였다. 전국의 승려도, 도성 안의 백성도 남의 눈을 피해 이 절들에 모이게 되는 것이다.

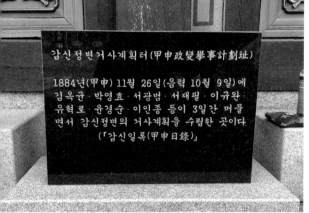

탑골승방과 개화당의 흔적

우의정 박규수의 사망(1877년)으로 북촌 사랑방이 닫힌 후, 2년 뒤 역관 오경석도 타계한다. 개화의 삼 거두(박규수, 오경석, 유홍기)중 유홍기만 남게 된다. 호걸 유홍기(호 대치)는 자신이 다니던 서대문 밖 봉원사로 만남의 장소를 옮긴다. 그는 중인이지만 학식과 인격 용모에 이르기까지 우뚝 선 인물로 신분상 한계를 넘어 북촌 젊은 양반 엘리트들의 존경을 한 몸에 받았다. 후일 백의정승이라 불리는 인물이다.

조선은 양반과 상민이 구별되는 엄격한 신분 차별의 사회였다. 양반은 설령 아이라 할지라도 중인이나 평민 어른에게 하대하며 수용되는 그런 심한 불평등 사회였다. 이런 면에서 유홍기와 개화당 김옥균, 박영효, 홍영식 등은 신분을 넘어서는 사제관계를 맺으며 조선 신분제도의 불합리를 깨우치게 된다.

그들은 은은하게 들리는 새 절의 종소리를 들으며, 은밀하게 만나 개화에 관련된 새 책을 강독하고 의식을 심화하는 토론을 계속한다. 비밀을 유지하기 위해 수유리 화계사와 동대문 밖 탑골승방(보문사)으로 장소를 옮기기도 한다.

1878년 봄이 끝날 무렵 동래 범어사 승려 이동인(李東仁, 1849~1881?)이 상경하여 새 절에 머문다. 이동인은 명문 광주(廣州) 이씨의 후손으로, 서자이거나 몰락

한 집안 태생으로 일찍이 통도사에서 불가에
입문한 승려로 알려져 있다. 그는 1877년부
터 일본 불교에 대한 호기심으로 부산 초량에
설치된 일본 본원사 별원에 출입하게 된다.
그곳에서 일본 승려 오쿠라 엔싱과 교우하며,
일본말을 배우고 일본의 근대적 개혁을 알게
된 선구적 활동 승이었다.

개화 승 이동인, 선구자의 대업과 업보

불평등한 신분사회의 개혁과 지성의 피가
끓어오르는 승려 이동인은 일본의 사정을 전
할 겸 한양으로 상경한다. 서대문 밖 가까운
새 절(봉원사)에 머물며 불자 유홍기와 알게
된다. 유홍기는 조선의 최고 엘리트인 김옥균, 박영호 등 개화파 인사들을 소개하
고, 이동인으로부터 최신 일본 정세와 지식을 듣고 놀랐다.

이제 개화의 바람은 북경이 아니라 동경에서 불고 있었다. 때마침 1876년 일
본과의 수교가 이루어지고 1차 수신사로 김기수가 다녀온 영향도 있었다. 그들은
이동인을 일본에 밀항시켜 개혁의 실상과 서양 과학기술을 파악해 보기로 결정
했다. 김옥균과 박영효가 여비로 그들이 가지고 있던 금덩이를 이동인에게 전달
한다.

1879년 6월 승려 이동인은 일본 본원사의 주선으로 부산에서 일본 교토로 입
국한다.

교토에서 9개월 체류하며 교토–오사카–고베를 연결하는 철도(1872년 개통)를
보고 깜짝 놀랐다. 1880년 3월에는 도쿄의 본원사 별원으로 이동한 이동인은 더
욱 놀랐다. 도쿄–요코하마까지 철도는 물론, 서양의 기선과 서양 과학기술, 문물
이 쏟아져 들어오고 있었다. 정치는 메이지유신(1868년)을 이뤄, 천황을 정점으로
입헌군주제를 채택하고 있었고, 내각은 유럽 유학을 다녀온 유학파가 장악하고

봉원사 샘물, 개화의 샘

있었다. 이동인은 일본의 지성이라 불리는 후쿠자와 유키치(福澤諭吉, 1835~1901)
도 만나 근대화에 대한 강론도 들었다. 서양 외교관들도 접촉하게 된다. 초대 일
본 공사 하나부사도 부임 전에 그를 찾아온다.

때마침 1880년 7월에 2차 수신사로 일본을 방문한 김홍집 일행과 숙소 아사
쿠사 본원사 별원에서 만난다. 일본어에 능통하고 동양 정세에 정통한 이동인의
일본 방문 경위를 듣게 된 김홍집은 감격의 회동을 하게 된다. 김홍집 일행과 같
이 귀국한 이동인은 정부에도 참여할 기회를 얻었다. 김홍집은 일본 주재 청국 외
교관 황준셴이 지은 조선책략(朝鮮策略)이라는 책자를 입수해 고종에게 제출한다.
"조선의 살길은 중국 일본과 친선하고 개방을 통해 미국과 연합해야 한다"라는

동대문 밖 탑골승방, 비구니 대표 승방

주장이다. 척화파에게는 청천벽력이었다.

　새 절에서 개화파 인사들을 재회하고, 후쿠자와 유키치의 '학문의 권장', '문명론' 등 근대사상 책을 전달하며, 램프, 석유, 성냥을 소개한다. 서재필의 회고록에 "이동인이 선물한 성냥을 처음 보았는데, 그으면 불이 저절로 일어나는 것을 보고 요술을 보는 듯했다"라고 적혀 있다. '부싯돌 문명' 조선에는 '성냥 문명'이 대단한 쇼크를 불러일으켰다. 이때부터 김옥균은 노쇠한 중국보다 신흥 강국 일본을 개혁의 모델로 삼게 된다.

　김홍집의 주선으로 승려 이동인은 당대 실력자인 민비의 조카 죽동대감 민영익(1860~1914)을 만난다. 민영익은 민비 집안이지만 초기에는 젊고 개혁적이어서

수유리 화계사 요사채, 전통의 보금자리

김옥균, 박영효 등 개화파와 공감하고 있었다. 민영익은 이동인을 고종에게 추천하여 임금을 만나게 된다. 유교 국가 조선에서 승려가 왕을 만나는 상전벽해의 사건이다.

개화는 그렇게 시작되고 있었다.

그해 9월 고종은 이동인에게 밀서를 휴대케 하여 2차로 일본을 방문케 한다. 일본 주재 청국 공사 하여장에게 "미국과의 수교를 주선해달라"라는 내용이었다. 이동인의 실력을 인정한 고종은 조선의 승려 신분으로는 최초로 통리기무아문(외무부)의 참모관이라는 직책에 임명한다. 조선 500년 끈질긴 신분 차별이 실질적으로 무너지고 있었다.

"중을 일본으로 보내 미국과 수교를 부탁하고 관리로 임용했다"라는 사실에 대원군을 비롯한 수구파는 분노했다. 이동인의 제거와 보복을 다짐했다. 개혁은 임금이라 할지라도 참으로 넘기 어려운 장벽이었다. 1881년 2월 고종의 부름을 받고 창덕궁을 방문하여 일본에서 군함과 무기 구입의 비밀명령을 하달받았다. 이 시기를 전후하여 그의 존재가 홀연히 사라진다.

갑작스러운 그의 실종과 관련해 견해가 엇갈린다. 흥선대원군의 사주로 수구파로부터 암살된 것이라는 설이 유력하지만, 민영익과 밀착한 행동에 대한 시기로 개화파 측에 의한 암살설도 있다.

근대 개혁에 일찍 눈을 뜨고 신분을 넘어서는 활동가, 일본을 알고 일본을 이용할 줄 아는 행동하는 지식인이 구세력에 의해 쓰러진 것이다.

사대사상에 경도되어 중국에 밀착한 당시의 여건에서, 항도 부산의 승려로서 일본의 개혁 개방에 눈을 뜬 이동인은 현실을 타파한 선각적 개혁주의자임이 분명하다. 후일 속 좁은 학자 중에는 이런 그를 친일파라고 부르는 자가 나타난다.

승려의 신분을 넘어서서 조선 말기의 암울한 세상을 바꾸어 보려 했던 이동인에게는 저세상에서 쓴웃음 짓게 하는 짓거리일 것이다.

天上天下 唯我獨尊, 一切唯心造!

불타는 공사관, 외세의 그림자

조선 근대사에서 청국의 외세 개입 분기점이 되는 1882년 임오년 군사반란(임오군란)의 현장을 찾아 반란의 배경과 진행 과정을 알아본다.

제일 먼저 방문할 곳은 구식 군대의 봉급 문제로 반란이 촉발된 남대문 부근의

복원된 남대문의 위용

선혜청과 별기군의 훈련장이 소재했던 을지로 4가 훈련원공원 동별영이다.

이어서 항의 시위가 벌어지는 일본 공사관이 위치한 서대문의 금화초등학교를 찾아간다. 다음으로는 반란군이 찾아가 민원을 호소하며 대원군의 지원을 요청하는 운니동의 운현궁과 반란이 확대되어 고종과 민비가 집무하는 창덕궁으로 발길을 이어보는 것이다.

방문 장소도 많고 동선도 넓어서 하루 일정으로는 짧고, 최소한 이틀은 계획해야 무리가 없을 일정이다.

1873년 대원군으로부터 정권을 찾아온 고종과 민비는 대원군의 형 이최응과 안동 김씨 등 대원군에 반대하는 노론 구세력을 등용하며 민 씨 척족이 중심이 된

남대문(숭례문), 수문장 교대식

선혜청이 위치한 남대문시장 남창동

연합정부를 구성한다. 그러나 민 씨 척족 정부는 척화와 개화의 사이에서 눈치 보기와 대원군의 집요한 방해로 1870년대를 허송세월하며, 무능하고 부패하여 민생은 더욱 피폐해진다.

1876년 강화도조약이 체결되고 난 후 4년 만에 초대 공사로 '하나부사 요시모토'가 부임하며 1880년 12월 말에 고종을 알현하고 신임장을 제정한다.

조선 정부는 개화책의 하나로 군제 개편을 서두른다. 5군영으로 운영되던 구식 군대를 1881년 개편하여 무위영과 장어영으로 축소하고, 개화파의 건의에 따라 일본군의 편제를 모방하여 신식 특수부대인 별기군(別技軍)을 설치한 것이다. 별기군에는 봉급, 보급의 특혜를 부여하는 데 비해, 구식 군대는 축소되어 실직자가 증가하여 신분은 불안정했다. 더하여 잔류자에게 봉급이 13개월 치가 밀리는 등 차별 대우로 구식 군대의 분노는 폭발 직전이었다.

1882년(임오년) 7월 23일의 대사건이다. 구식 군대 하급 군인들의 불만과 반발이 일시에 터져 나왔다. 정부의 해결 능력 부재와 민 씨 일가의 부패, 하야한 대원군 세력의 사주와 친일 개화 정책에 대한 복합적인 반발로 폭발된 결과였다.

이 사건의 발단이 된 선혜청이 위치한 남대문 앞으로 걸음을 옮겨본다. 겨울바람이 싸늘한 남대문 앞에서는 관복을 화려하게 차려입은 수문장들의 교대 행사가 관광객의 호기심 속에 진행되고 있었다.

조선의 세금과 세출을 책임진 기관 선혜청, 그 책임자는 민비의 오라버니 민겸

을지로 5가 훈련원공원, 윤관장군 동상

호였다.

1882년 7월, 쌀로 지급하는 밀린 봉급마저 모래와 겨가 섞이고 분량도 부족함에 격분한 구식 군대는 항의에 나선다. 하급 군인들은 선혜청에 격렬히 항의하나 오히려 체포당하고 처형당할 위기에 처한다. 분노한 군인들은 민겸호의 안국동 집을 찾아가 항의하고 방화하며 총기고에서 총기를 탈취하고, 시국 불만 세력이 가세하며 국정은 일시에 마비된다.

하급 군인들의 요구는 봉급 부정문제에서 신식 군대의 폐지로 확대된다.

다시 우리는 지하철 2호선을 타고 조선 군대의 동별영(훈련장)이었던 을지로 5가 '훈련원 공원(구 서울대 사범대 터)'을 찾아가 그날의 함성을 되살려 본다. 140년

서대문 청수관 일본 공사관 터, 금화초등학교 정문

금화초등학교 운동장, 일본 공사관 터였다.

세월은 훈련원을 한적한 도심공원으로 변모시키고 있었다.

시위대는 신식 군대의 훈련장 관사에 있던 훈련 교관 일본군 '호리모토' 중위와 일본인을 보복 살해하고 총기를 탈취한다. 반일 감정으로 분노가 폭발한 시위대는 멈추지 않고 서대문의 일본 공사관으로 몰려간다.

다시 지하철 5호선을 바꿔타고 서대문역에 하차하여 서대문 금화초등학교를 찾아 발걸음을 옮겨본다. 이 장소는 조선이 문호를 개방한 후 최초의 외국공관인 일본 공사관이 설치되었던 곳이다. 조선시대 경기감영(도청) 산하, 중군부(군 사령부)가 위치한 곳으로 일명 청수관(淸水館)이라고 부른다. 일본 공사관은 한양도성 안으로 진출하지 못하고, 서대문 밖 청수장에 자리하게 된다.

임진왜란의 처참한 추억, 강압에 의한 수교, 일본에 대한 경계 의식으로 이미 공사관 설치 시작부터 근대 한일 관계는 격랑을 예고한다.

반일 군중심리는 확산하여 3천여 명이 서대문 일본 공사관을 포위하며 공격한다.

구식 군대 군인과 민간인이 뒤섞여 "왜놈 물러가라! 별기군 해체하라!"를 외치며 몽둥이를 들고 투석까지 한 격렬한 시위 현장이다. 군인과 민중이 섞여 시위하는 것도 초유의 일이었다.

놀란 '하나부사' 공사와 외교관들이 집기와
서류를 불태우고 불길은 공사관을 삼켜버
린다. 하나부사 공사와 공사관원 10여 명은
야간 탈주하여 양화진을 거쳐 인천으로 간다.
인천에서 간신히 배를 얻어타고 외해로 피신
했다가 사흘 만에 영국 측량선 '플라잉 피시'
에 구조되어 일본 나가사키로 귀환한다. 당시
별기군 운용의 조선군 책임자였던 온건 개화
파 윤웅렬도 이들과 함께 피신한다. 공사관
설치 2년 만인 1882년 한일 관계는 1차 파국
을 맞는다.

흥선대원군. 무리한 권력욕은 고종의 집권
내내 암초나 다름없었다.

다시 우리는 지하철 3호선에 몸을 기대어 안국역에 도착한다. 대원군의 저택
운현궁과 북촌, 그리고 창덕궁 뒷길에 스며 있는 군란의 발길을 찾아 나서는 것
이다.

재동 사거리 북촌은 상전벽해로 변하고 있었다. 갤러리, 베이커리, 카페와 현
대식 레스토랑으로 낡은 한옥은 리모델링에 분주하였다. 코로나 보복 관광에 나
선 젊은 외국인과 내국인이 어우러져 인산인해를 이룬다.

1882년 7월 24일, 격해진 시위가 구식 군대의 조직적 반란으로 확대되어 왕궁
까지 습격한다. 민 씨 정권의 실정으로 왕궁의 호위군과 포도청도 내심 반란에 호
응하고 있었다. 창덕궁을 습격해 선혜청 당상 민겸호와 고관들을 찾아내 살해하
고, 국정 농단의 최고 책임자로 왕비인 민비를 체포하려고 궁 내외를 샅샅이 수색
한다. 대원군의 부인과 궁중 무관 홍계훈의 도움으로 궁녀로 위장하고 탈출한 민
비는 고향 여주 남쪽 국망산에 몸을 숨기고 상황을 파악하며 재기를 노린다.

군부 반란에 황망한 고종은 아버지 흥선대원군에게 손을 내밀고 사태 수습을

운현궁 기로소, 은퇴한 대원군의 접객 장소

의뢰한다. 창덕궁 가까운 운현궁에서 시위 초기부터 군부 동향을 파악하며 기회를 노리던 대원군은 즉시 사태 수습에 주력한다. 며느리 민비에게 원한 맺힌 대원군은 행방불명된 민비의 사망을 포고하고, 서둘러 국상을 치르는 무리수를 두며 반란 초기의 시간을 허비했다.

　민비는 반격한다. 시아버지 대원군이 주도한 반란이라고 판단한 민비는 고종에게 하루 백 리를 달린다는 북청 물장수 출신으로 보부상이었던 이용익(1854~1907)을 보내 비밀 연락을 유지한다. 고종에게 청나라 군사 개입을 요청케 해, 8월 초에 4천여 명의 청군이 한반도에 신속히 상륙하며 군사 개입이 시작된다.

졸지에 쫓겨난 일본 공사 하나부사도 함정 4척에 1,500여 명의 병력을 끌고 인천에 상륙한다. 일본군 1개 중대와 함께 창덕궁에 나타난 하나부사는 배상과 책임자 처벌을 강력히 요구하며 고종을 압박한다. 상황을 선점한 청군은 신속히 개입하며 대원군을 체포하여 천진으로 압송한다. 대원군 정권은 집권 33일 만에 끝이 나고 허망하게 막을 내렸다.

청국군 4천 명, 일본군 1천5백 명이 주권 국가 조선 서울에서 대치하는 국난은 피할 수 없었을까? 고종, 대원군, 민비, 민 씨 척족 그 누구도 현인은 없었다.

아직도 청군의 개입을 요청한 세력이 누구인지 정확히 규명도 안 되었고, 일본을 견제하기 위해 이홍장이 당시 천진에 와 있던 사절단 김윤식에게 물어 독자적으로 결정했다는 주장도 있다. 조선의 독립성은 이로 인해 심각한 훼손을 당한 것이다.

결과적으로 청나라 군사 개입 요청은 민 씨 권력을 연장하려는 구상일 뿐 주권 국가로서는 치명적인 실책이었다. 민비 못지않게 대원군의 권력욕을 비난하는 견해도 상당수 있었다.

임오군란의 파고는 길게 이어진다.

청국군은 을지로 동별영에, 일본군은 서대문 청수관에 진주하며 내정간섭을 강화한다. 조선은 급진개화파와 수구파로 갈라져 권력 다툼 속에 무너져 내리며, 외세는 한반도 종주권을 놓고 외교 군사적 대결을 격화하는 것이다.

서대문의 일본 공사관은 불에 타 연기 속으로 사라졌지만, 일본과 청국의 군사가 주둔하며 역사의 강진은 계속되고 있었다. 쓸개를 씹는 심정으로 서울 거리를 찾아 나선다.

03

내우외환

재동에서 만난 한옥, 세월과 품위가 흐른다.

묄렌도르프, 열강의 술책

　　구한말 조선에 공식 입국하여 정착한 최초의 서양인은 묄렌도르프(1848~1901년)라는 독일인이었다. 오늘은 개화기 외세 격돌의 한 줄기, 묄렌도르프의 역사적 흔적을 찾아보기로 했다. 그의 궤적은 그가 머물던 구 숙명여고 터인 종로구 수송동 박동궁에서 시작된다.

　　일본에는 1876년 강화도 수교로 문을 열었지만, 서양 열강에게는 아직도 굳게 닫혔던 조선에 1882년 12월, 왜 독일인이 처음으로 입국했을까? 그의 개혁과 친러정책 추진은 어떻게 전개되었고, 영국은 왜 거문도를 불법으로 점거하게 되었는가? 의문점을 찾아 나섰다.

　　그가 제물포에서 옮겨와 한양에 머물렀던 집은 1882년 임오년 군사 반란에서 살해된 선혜청 당상이었던 박동궁, 민겸호의 빈집(구 숙명여고 터)이었다. 이 유서 깊은 집은 고종이 묄렌도르프에게 빌려주고, 그 후 임시로 독일공사관에서 사용하다가 왕실로 귀속되었다. 그 후 민비시해사건 이후 왕비가 된 엄비의 관리하에서 명신여학교(숙명학원의 전신)로, 그리고 숙명여학교가 들어선다. 지금은 인근에 조계사가 위치하고 코리안

묄렌도르프의 집, 박동궁(구 숙명여고 터)

수송동 도심 소공원, 숙명여고 중동학교 터

리 보험사 건물이 들어서고 인근 중동학교 부지와 함께 도심 소공원으로 변모되었다.

1882년 7월 발생한 군인들의 반란(임오군란)은 청국과 일본의 개입을 불러왔다. 청국은 반란을 진압해달라는 민씨 척족 정부의 요청을 핑계로, 일본은 공사관과 일본인의 피해를 보상하라는 요구를 위해 서울에 군대를 주둔시킨다. 우세한 청국군의 지원 아래 민 씨 척족 정부는 재집권하고, 군사 반란을 부추긴 흥선대원군은 중국 보정부로 납치 감금된다. 청국 총리 이홍장은 일본의 영향력을 막아내고 조선의 대외정책을 견제하기 위해, 고종에게 독일인 묄렌도르프(Paul Georg von Möllendroff)를 외교고문으로 천거했다.

묄렌도르프는 독일 귀족 가문의 후손으로 1848년 브란덴부르크주에서 출생했다. 그는 히브리어와 동양어에 흥미를 가졌고, 마르틴 루터대학교에서 법학을 전공하였다. 대학을 마친 후 중국으로 온 그는 상하이 해관(세관)에 취업하고 중국어를 공부했다. 천진 주재 독일 대리영사로 근무하며 이홍장의 눈에 들어 조선 정부 고문으로 추천된 것이다.

묄렌도르프(한국명 목린덕)의 조선 관복을 입은 모습

1882년 12월 9일 수구파 중진 조영하의 안내로 제물포에 입국하여 13일 아침에 가마를 타고 서울을 향해 떠났다. 제물포에서 서울까지는 약 40km로 육로로 이동해야 하는데, 가마나 조랑말을 빌려 타고 가거나, 안내인과 같이 걸어서 가는 방법이 있었다. 12시간~15시간 소요되기 때문에 한양도성 문이 닫히기 전까지 도착하기가 어려웠다. 중간에 1박 하거나 돈의문(서대문) 앞에서 숙박해야 한다. 이런 불편 때문에 1890년대 중반에는 서대문 밖에 외국인이 유숙할 수 있는 호텔이 서대문 사거리 현 농협중앙회 주차장 부지에 건설된다. 12월 14일 서울에 도착한 묄렌도르프는 "산천은 아름답고 산이 많으며 기후는 유럽과 같았다"라고 언급하며 조선에서 코리안 드림을 꿈꾸며 둥지를 튼다.

조영하의 안내에 따라 고종을 알현한 묄렌도르프는 안경을 벗고 조선식으로 세 차례 절을 하며 신고한다. 고종은 조영하를 통리아문(외교부)의 독판(장관)으로 묄렌도르프를 참판(차관급)으로 임명했다. 조선 이름은 목린덕(穆麟德)으로 부르며 직급을 따라 목 참판이라 불렀다. 그의 나이 35세 때이다.

이홍장과 고종의 신임을 바탕으로 그는 정열을 바쳐 조선의 대외업무 개혁에 진력했다. 중국으로부터 차관도입 문제, 인천과 상해, 톈진 간 정기항로의 개설,

개화의 건널목, 양화진의 현재 모습

농업 업무의 개선과 서양의학의 도입에 중점을 두었다. 일본과의 관계를 중시하는 김옥균과는 재정정책 문제로 대립하였다. 갑신정변 후 김옥균 등 급진개화파가 일본으로 망명하자 일본으로 건너가 망명자들의 체포와 송환 교섭에도 참여하는 악역을 맡기도 한다.

그의 능력과 성실함에 고종의 신뢰는 더하여 조선의 모든 해관(세관)을 총괄 감독하는 해관총세무사(관세청장)에 임명한다. 그는 갑신정변에 관여된 정치범의 처벌과 관련하여 그 가족을 연좌제로 처벌하던 법률을 폐지하는데 기여했다. 가족이 관기가 되거나 창기가 되는 것을 막아 나름대로 많은 관리들과 백성들의 지지를 받았다. 청국의 추천과 민씨 척족 정부를 위해 일했지만, 그는 관세, 상공업정책, 일부 형사사법제도까지 근대적인 방향으로 이끄는 데 일조했다. 이런 분위기가 확산되자 모든 부서의 관리들이 그를 가까이하기 시작했다.

미국 초대공사 루시어스 푸트

1883년 5월 12일에는 초대 미국 공사 루시어스 푸트가 부인과 함께 부임했다. 드디어 태평양 건너 미국이라는 대국이 한반도에 등장한 것이다. 제물포항 입국 때부터 그들을 신기하게 보며 큰 소리로 소리 지르고 수많은 구경꾼이 몰려들었다. 한강변(양화진으로 추정)에는 수천 명이 모여 호기심으로 그들을 바라보았다. 파란 눈의 서양인 남자도 처음 보는데, 금발의 백인 여인에게 조선인들의 시선이 집중되지 않을 수 없는 대사건이었다.

서양 수교국으로는 최초 입국한 미국 공사 푸트는 정동에 공사관이 마련될 때까지 외아문 참판 묄렌도르프의 박동궁 집에서 기거했다. 푸트는 고종을 알현하며 조선의 사신을 미국으로 초청했고, 청국의 눈치를 보면서도 조선은 미국의 호의에 감사하며 보빙사란 이름의 답례사절단을 파견하게 된다. 여장부로 불리는 미국 공사 부인 로즈도 민비를 만나 환대를 받는 서양 최초의 여성이 되었다. 궁정외교가 시작된 것이다.

조선은 지정학적 여건상 러시아에 의존하여야 한다고 생각하고 있던 묄렌도르프였다. 마침 그가 와병 중에 미국 보빙사 파견이 이루어져 대미관계가 진전되자 외아문 참판으로서 매우 기분이 상했다. 종주국 행세를 하는 청국은 물론 일본도 불쾌한 반응이었다. 이로 인해 미국 공사 푸트와는 관계가 악화되었다. 미 일 중 러 4강대국의 이해가 묘하게 교차하는 국제정세가 구한말에 전개된다.

묄렌도르프는 조선생활이 안정되자 1983년 8월에 부인 로잘리와 두 자녀를 초청했다. 이들은 유모 요리사 세탁부를 포함한 중국인 여섯 명을 대동하고 다섯 대의 가마를 타고 제물포에서 서울로 향했다. 미국 공사 부인 로즈가 경험한 것과 못지않게 조선인들의 대단한 호기심이 있었다.

묄렌도르프 내외가 박동궁 집에서 파티를 열었을 때 초청된 조선인들은 낯선 것에 대한 경이로움에 놀라움과 경탄을 만발했다. 이들 부부는 입궐해 고종과 민비를 만난다. 묄렌도르프 부인 평에 의하면 "민비는 좋은 인상을 주며 부드러운 외모에 매우 지성적으로 보였다"라고 한다. 묄렌도르프는 외국인 남성으로서는 주치의 알렌과 민비의 얼굴을 직접 볼 수 있었던 극히 드문 케이스였다.

그는 중국이 조선의 보호국이기는 하지만, 일본의 야심으로부터 조선을 보호할 능력이 없다고 보았다. 조선은 러시아를 끌어들여 의지해야 하며, 일본과 러시아 사이에서 완충국으로 역할해야 한다는 판단을 내린다. 미국은 너무 멀리 떨어져 있고, 영국은 일본에 우호적이기 때문에 조선을 보호할 의지가 없다. 독일은 국제정치에서 아직은 신흥국이며, 불란서는 베트남 문제로 중국과 대립하기 때문에 일본의 조선 침략을 막을 수 없다. 결국 조선은 러시아를 보호자 또는 후원자로 의존하는 것이 상책이라 본 것이다. 묄렌도르프가 구한말 친러 외교책의 시초로 볼 수 있다.

그는 조선과 러시아의 우호 통상 조약이 체결되도록 유도하여 1884년 7월 7일 조인되었다. 러시아를 조선의 보호자로 끌어들이려는 그의 외교적 노력은 계속되었다. 심지어 조선이 원산항을 러시아에게 조차해 주기로 했다는 밀약설이 나왔고, 이에 가장 강하게 반대한 영국은 러시아를 견제하기 위해 1885년 4월 15일에 거문도를 불법으로 점거하는 횡포를 부리기까지 했다. 조선 조정은 항의를 제기하며 철수를 요구했고, 묄렌도르프는 중국 군함을 타고 거문도를 방문해 강력히 항의하고, 나가사키로 가서 영국 동양함대 지휘관에게 항의 각서를 전달했다.

거문도 점령과 관련해서는 "러시아는 당시 조선에서 영향력을 확장하기 위한 의도나 능력도 없었으며, 오히려 영국이 블라디보스토크를 공격하기 위해 공격기지로 활용하려고 점령한 것"이라는 영국의 불법 점령설이 학계의 주된 평가였다.

묄렌도르프의 주장은 한발 더 나아가 "조선의 중립과 불가침에 관해 러시아 중국 일본이 공동으로 보장하되, 러시아 주도로 해야 한다"는 것이었다. 이를 담보하기 위해 조선의 수도방위부대 500명 병력을 훈련할 교관들을 러시아에서 초청할 것을 제의하고 고종의 승인을 얻어 러시아와 교섭했다.

이것은 러시아의 한반도 진출을 경계해온 중국과 일본 양국의 즉각적 반발을 불러일으켰으며, 추천자인 이홍장마저 인책 소환을 결정했다. 조선 정부는 그를 6월 하순에 외아문 협판에서 해임하고, 1885년 12월, 3년간의 둥지를 떠나 톈진으로 돌아갔다.

묄렌도르프의 한반도 중립화와 친러정책이 과연 '조선을 위한 순수성이 있는가?'에 관해 학계의 관심이 매우 크다. 심지어 러시아로부터 매수되었다는 설, 자신의 조국 독일을 위해 영국과 러시아가 대립하게 조종하였다는 설 등이 음모론적으로 퍼져있다. 유력한 논거의 하나는 자신의 모국 독일이 1871년 프랑스와의 전쟁에서 승리하고, 러시아와 독러동맹을 체결하면서 묄렌도르프도 러시아에 우호적으로 기운 것이라는 국제정치적 분석이 있다.

그럼에도 불구하고 현대 한국 외교정책에서도 심각히 되새겨볼 만한 정교한 논리 전개와 통찰력이 있음에 재삼 놀라지 않을 수 없다. 그의 예견대로 10년 뒤 일본은 한반도에서 전쟁으로 청국을 밀어내고, 고종은 러시아공사관으로 피신하는 아관파천 사태를 초래한다.

그의 후임 외교 고문으로 청국이 추천한 미국인 데니(O. N. Denny)가 부임한다. 격돌하는 열강의 이해관계에서 데니는 어떤 행보를 보일까?

미국 공사관, 여장부 마담 로즈

  덕수궁 돌담길을 돌다 보면 가장 접근하기 어려운 건물은 덕수궁 후문 앞 미국 대사관저이다. 언제나 경찰 병력과 기동 버스들이 둘러싸고 있으며 항상 긴장 속에 검문한다. 철문은 항상 닫혀있어 멀리서나마 대사관저를 볼 수밖에 없다.

정동 미국 대사관저 정문, 신비의 한옥

미국 대사관저(구 미국공사관)는 왜 한옥으로 지어졌으며, 관저 경비가 왜 이리 엄할까?

구한말 미국의 한반도 진출 과정은 몇 가지 의미를 포함하고 있다.

미국은 구한말 서구열강으로는 제 일착으로 1883년 조선과 외교관계를 맺고 정동에 입주한다. 미국공사관이 서대문 안 정동에 자리 잡고, 영국, 독일, 러시아, 프랑스 공사관이 근처에 위치하게 되면서 이곳이 '공사관 거리로' 발전하게 된다.

또한 전통 한옥을 매입하여 공사관으로 사용하며 150년간 변치 않고 한자리를 지키고 있는 것도 외교사에 매우 드문 일이다.

19세기 후반 조선은 일본과 중국(청나라) 그리고 러시아의 이해가 격렬하게 부딪히는 극동 외교의 전쟁터였다. 서구열강은 최고의 외교관과 정보요원을 배치하고, 국력을 과시하며, 화려한 건축물을 건축하고 자국의 군대를 수용할 수 있는 시설을 확보하려 했다. 프랑스와 러시아, 영국은 거대하며 웅장한 서구식 건물을 건축하고 국력을 과시하였다. 반면 미국은 초라한 한옥을 매입하여 입주한 것이다. 매우 이례적인 일이었지만, 미국의 관심은 한반도에 있지 않았다는 반증일 수 있었다.

미국 초대 공사 푸트(Lucius Harward Foote, 1826~1913)는 특명전권공사의 직함으로 1883년 5월(고종 20년) 인천 제물포를 거쳐 한성에 도착한다. 푸트는 원래 뉴욕 출신이나, 1850년대 골드러시를 따라 캘리포니아로 이주한다. 법관을 거쳐 주 정부의 주요 행정직을

창덕여중 운동장. 정동의 프랑스 공사관

역임하며, 공화당 전당대회 캘리포니아 대표로 활약하며 외교가에 입문한다. 칠레 주재 총영사를 마치고 능력을 인정받아, 조선 주재 특명전권공사로 승진되었다. 1862년에는 부인 로즈와 결혼한다.

아시아의 변방 조선은 미국의 상선 제너럴셔먼호가 사라지고, 미 해군이 1871년 전투를 벌인 극히 위험한 지역이었다. 푸트는 이 위험하고 불편한 곳에 부인 로즈를 대동하고 싶지 않았다. 그러나 로즈는 조선으로 같이 부임할 것을 강력하게 주장한다. 멀리 떠난 남편을 그리워하며 기다리는 안락한 게으름보다는, 새로운 세계로의 도전이 더욱 값진 것이라고 생각했다. 그녀는 용감한 미국 남부 여인의 기질을 타고난 우아한 풍모의 강한 여인이었다. 남편은 언제나 부인의 의견을 존중하는 신사였다.

1883년 5월 그녀는 미국인으로는 공식적으로 조선에 입국한 최초의 여성이 된다. 인천 제물포항에 상륙해 시가지를 구경하던 중, 금발의 서양 여인 출현에 조선인들이 놀라며 가까이 다가와 하얀 피부를 만져보는 진풍경을 벌어진다. 가마를 타고 한성에 도착하여 독일인 외교 고문 묄렌도르프의 집으로 들어간다. 텐

정동의 미국 공사 관저 초기 모습

진 주재 독일 외교관 출신인 묄렌도르프는 청나라 이홍장이 추천하여 조선의 외교 고문이 된 최초의 서양인이었다.

조선 정부는 간섭과 군림하는 일본과 청나라보다는 영토 욕심이 없는 미국에 의존하고 싶었다. 일본공사관을 서대문 밖으로 밀어낸 조선 정부였다. 정부의 호의로 정동에 소재한 민 씨 일족 민계호가 소유하였던 버려진 기와집과 땅을 2천2백 불에 매입하여 미국공사관으로 사용하게 된다. 이 초라한 한옥은 그 후 각국 외교관들의 조롱거리였으며, 미국 외교관들도 부끄러워했다. 특이한 것은 푸트 공사가 개인 돈으로 매입하였고 후에 미국 정부에 매도하는 과정이다. 이것은 당시 미국 정부는 외교관들에게 궁박하게 경비를 지불하고 공관 매입자금을 주지 않았던데 기인한 것이다. 마찬가지로 유럽에서도 당시 미국 공관은 매우 초라해서 조롱거리였다.

한옥은 공사부인 마담 로즈에 의해 서서히 그 모습을 바꾸어 나간다. 그녀는 30여 명의 조선인 하인을 고용하며 공관을 정리해나간다. 황폐한 공터를 정원으로 만들기 위해 미국에서 가져온 캘리포니아 장미와 잔디를 심고 각종 나무를 식

조선 주재 미국 초대전권 공사 푸트의 부인 로즈 여사가 가마를 타고 나들이하고 있다.

재한다. 집수리에 2천 불 이상을 지출했다고 기록이 전한다. 이 모두 로즈가 기획하고 진두지휘한다.

50대의 공사부인 로즈는 40대 조선 왕비 민비의 중요한 파트너였다. 민비를 알현하는 날 그녀는 최고의 드레스와 보석으로 치장하고, 금발의 머리를 나부끼며 마치 여왕처럼 경복궁으로 들어선다. 민비는 키가 크고 아름다우며 중후한 그녀를 최고로 환대했다. 우아한 여왕의 이미지는 마담 로즈 스스로 연출한 것이다. 강심장의 두 여인은 이심전심 서로를 존경했다.

마담 로즈는 공사관 주변 조선인들의 참혹한 가난과 질병을 목격했다. 그녀는 공사관 주변 정동으로 나섰다. '돈, 땔감, 음식물 그리고 그가 구입할 수 있는 다양한 식료품'을 모여든 비참한 사람들에게 풍족하게 나누어주었다. 상처 입은 여인들을 돌보고 직접 치료에까지 나섰다. 신분이 천한 상놈 조선인들에게는 결코 잊을 수 없는 일이었다. 전기 작가 로렌스는 마담 로즈를 '미국의 애국자이며 성인'으로 묘사했다. 조선 정부도 놀랐다.

그녀가 도착한 다음 해 겨울, 1884년 12월 4일 밤 젊은 개화파 청년 관료 몇몇이 정부를 정복시키는 쿠데타(갑신정변)를 일으켰다. 조선의 고위 관료와 일본인들이 폭도들에 의해 살해당했다. 이 일로 상당수 일본인과 대부분의 외국인이 위험을 느껴 서울을 빠져나가 제물포로 탈출해 본국으로 돌아가려 했다.

푸트 공사는 서울을 떠나 일본으로 피난할 것을 부인에게 제의한다. 마담 로즈는 남편의 걱정에도 불구하고 극소수 서양인과 함께 서울에 남아 있기로 결심했다. 고종과 민비가 마담 로즈에게 조선을 위해 서울에 남아달라고 간곡히 요청했던 것이다. 마담 로즈의 용기 있는 결정에 조선 정부는 무한한 감사를 표했다.

1885년 2월 푸트 공사 부부는 공사직을 마치고 서울을 떠난다. 석별을 서러워하는 조선인들이 눈물을 흘리며 8킬로미터를 걸어 이들을 배웅했다. 이들은 일본에서 천황을 만나 식사하는 후한 예우를 받고 배편으로 샌프란시스코에 도착한다. 마담 로즈는 조선에서의 긴장과 여행의 과로로 인해 귀국 6개월 후에 운명

미 대사관저 돌담길, 마담 로즈의 길

하였다.

불편과 위험을 무릅쓰고 부부 동반으로 조선에 입국한 여인! 조선 하층민에게 극진한 성의로 인도적 대우를 하며, 여왕 같은 품위로 행동한 우아한 여인! 마담 로즈는 무너져 내린 한옥을 리모델링하고 정원을 개조하여, 세계에서 손꼽히는 아름다운 한옥 대사관저가 존속할 수 있었다.

한미관계의 시작은 제너럴셔먼호를 둘러싼 불신과 포연 속에 출발했지만, 여걸 마담 로즈의 열정과 판단으로 깊은 신뢰의 초석을 쌓게 된 것이 아닐까!

그녀는 대사관저 안 캘리포니아 장미처럼, 강하고 아름답게 남아 정동을 지켜보고 있을 것이다.

선교사 알렌, 코리안 드림

재동 사거리(안국역 사거리)에서 북쪽으로 백여 미터 떨어진 헌법재판소가 위치한 지역은 근대사가 겹겹으로 퇴적된 깊은 역사의 땅이다. 박규수의 개화사상 발상지이며 개화파로 우정 총판을 역임하다가 살해된 개화파 홍영식의 집이 있었다. '삼일천하'로 몰락한 홍영식은 역적이 되고 몰수된 이 집에 미국 의사 알렌이 주도하는 근대식 병원 제중원(濟衆院)이 들어선다. 온건 개화파 이상재도 이곳에 거주한 역사가 있다. 해방 후에는 창덕여고가 들어섰다가 1987년에는 헌법재판소가 신설된다.

미국의 외교관으로 의사, 선교사로서 구한말 근대사에 커다란 영향을 끼친 알렌(Horace N Allen, 1858~1932)은 어떤 인물일까? 1858년 미국 오하이오 출생인 알렌은 마이애미 의과대학을 졸업하고 미국 북장로교 소속 선교사로 지원한다. 20대의 청년 선교사 알렌은 미지의 세계, 동양행 꿈을 품고 아내와 함께 1884년 초 중국 상해에 도착한다. 그 후 임지를 조선으로 바꾸고 1884년 9월 20일 조선에 입국한다.

알렌은 조선에서 가톨릭 포교 과정이 큰 갈등을 유발하며 엄청난 반발과 희생자가 발생했음을 알았다. 1883년 조선과 미국 간에 국교가 열렸다. 종교의 자유와 관련해서는 모든 신앙의 자유가 확보된 것이 아니고, 외교관과 서양인에게만 기독교를 믿을 수 있도록 일부 허용된 것이었다.

알렌은 당국과의 충돌이 예상되는 무작정 선교보다는 의료와 외교활동을 병행하면서 기회를 보는 점진적 접근법을 택한 것이다. 영리한 알렌은 마침 1년 전에

온건 개화파인 이상재의 재동 집터

개설된 주한 미국 공사관의 무급 의사의 신분을 택했다. 곧이어 행운이 기적적으로 왔다.

그의 입국 3달 만인 1884년 12월에 조선에 갑신정변이 터졌다. 우정총국(조계사 앞) 개청 축하연에서 실세 민영익이 개화파가 동원한 일본 건달 칼에 쓰러져 중상을 입는다. 곁에 있던 외교 고문 묄렌도르프가 재빨리 그의 가마에 싣고 바로 옆 자기 집 박동궁(전 숙명여고 터)으로 이송한다.

치료를 위해 궁궐에서도 한의사 여러 명이 도착하나, 묄렌도르프는 미국 공사관 소속 의사인 알렌이 서양 의술로 치료토록 한다. 민영익에게 지혈과 소독, 봉합수술로 조선 최초의 서양식 수술을 한 것이다. 실세 민영익은 두 달 후 치유되어 다시 정계로 돌아왔다.

이 일로 알렌과 서양의학은 고종과 민비의 전폭적인 신뢰를 획득하고, 알렌은 서울 주재 모든 외국 공사관의 주치의가 되었다. 그리고 1860년생 민영익은 생명의 은인 알렌(1858년 생)을 동양식 '형님'으로 호칭하며 오랜 기간 의형제 관계를 맺는다.

이듬해 1885년 4월 고종을 알현한 알렌은 서양식 병원을 개설하도록 지원받는다. 병원은 재동 4거리에 위치한 홍영식(전 우정총판)에게서 몰수한 집(헌법재판소 내 북쪽 끝)이었다. 최초의 병원 이름은 광혜원이었으나, 고종이 부여한 제중원(濟衆院)으로 이름을 바꾸고 운영비를 고종이 지원했다. 근대식 병원의 출발이다.

쿠데타의 외중에 선교사 알렌은 엄청난 특혜를 입고 왕립병원(Royal Hospital) 제중원 원장으로 화려하게 조선 사회에 입문할 수 있었다. 그뿐만 아니라 서양 의학교를 개설하여 의사와 간호사를 양성해 달라는 고종의 요청도 받아 국립의학교(國立醫學校)를 제중원 내에 설치한다. 왕실의 지원과 승인을 받았으니 이미 선교의 목적은 달성된 바나 다름없었다.

고종과 민비의 주치의 겸 외교 자문이 되면서 상당한 월 급여까지 받게 되니 그의 코리안 드림은 1차 목표를 완벽하게 달성한다. 천우신조(天佑神助)라 할 것이다. 제중원과 관련해서 서울의대와 연세의대가 서로 그 전통을 이어받았다고 정통성을 주장하니 제중원과 국립의학교는 근대화의 최고 상징이었다.

갑신정변 이듬해인 1885년 4월 5일 입국한 감리교 선교사 아펜젤러(Henry G Appenzeller, 1858~1902)도 알렌의 인정과 성취라는 배경하에서 비교적 수월하게 활동할 수 있었다. 뉴저지의 신학대학 출신인 아펜젤러는 한국 최초의 근대식 학교인 배재학당과 정동제일교회(정동교회)를 설립하여 기독교 인재 육성과 선교를 할 수 있었다.

미국 장로교 선교사 언더우드(Horace G Underwood, 1859~1916)도 아펜젤러와 같은 날 입국한다. 알렌을 만나 제중원에서 근무하며 국립의학교에서 물리와 화학을 가르쳤다. 교육과 어학에 특출한 자질을 가진 언더우드는, 경신학교와 연희전문학교를 설립하여 현재의 연세대학교로 발전하게 된다.

정동제일교회 한국 최초의 개신교 교당

　　뉴욕 의과대학 출신 선교사 스크랜턴(William B Scranton, 1856~1922)도 아펜
젤러와 함께 입국했다. 스크랜턴도 제중원의 의사로 근무하며 선교 활동을 하게
된다. 그는 어머니, 아내와 같이 왔는데 어머니 메리 스크랜턴은 한국 여성의 교
육에 뜻을 두고 1886년 이화학당을 만들어 현재의 이화여고와 이화대학교로 성
장한다.

　　따라서 1885년은 한국기독교의 역사가 시작된 해였다. 1985년의 한국기독교
100년을 기념하는 축하 행사도 여기서 출발한 것이다. 동시에 조선에서는 근대
화 정책으로 서양의학과 근대식 병원이 출범하고 근대식 교육과 함께 여성 교육

경복궁과 창덕궁의 중간, 북촌마을의 지도상 위치

이 시작된다.

　20대 중반의 파란 눈 미국 청년들! 그들은 동방으로 진출해 코리안 드림을 향해 돌진한 것이다. 여기에는 미국인 알렌의 영리한 선교 전략이 배경에 깔려 있었다.

　천주교(가톨릭) 전래 과정과 기독교의 전래를 대비해 볼 필요가 있다. 천주교는 백 년여간에 끊임없는 박해를 받고, 그 희생자만도 9천 명에 이를 정도로 당국과 강력한 충돌이 있었다. 천주교는 당국의 승인 없이 민중의 신앙과 서학으로 출발하면서, 조선의 국교인 유교와 대충돌을 야기한 것이다. 더 중요한 것은 당파적 요인이 있었다. 주로 남인 계열의 비판적 학자들이 천주교에 가담하면서 노론 계열의 전통 집권 세력에게 보복당하는 정치적 비운도 겹쳤기 때문이다. 가톨릭의 강성적 요인이었을까, 아니면 개척자의 운명이었을까?

알렌은 어느 외교관보다 왕실의 강력한 지지를 받고 있다고 자부했다. 갑신정변 후 중국의 군사력을 믿고, 조선 총독 행세를 하던 위안스카이(袁世凱)의 행패와 거드름을 견제할 사람은 미국 외교관 알렌 뿐이었다. 조선에게는 악마와 구세주였던 이 두 사람의 충돌은 궁정에서 소리 없이 확산한다.

동상이몽 개화, 민영익과 김옥균

죽동궁 터
竹洞宮址
Site of Former
Jukdonggung Palace

죽동궁은 순조의 장녀 명온공주와 그 남편 김현근이 살던 곳이다. 그 후 명성황후의 조카인 민영익이 이곳에 살면서 김옥균·홍영식 ·어윤중 등의 개화파 인사들과 교류하며 정국을 주도하였다.

Jukdonggung was the palace where Princess Myeongon, the eldest daughter of Sunjo, the 23rd king of the Joseon Dynasty, and her husband Kim Heyongeun lived.

종로구 관훈동 죽동궁 터석

아미드호텔 앞 죽동궁 터석. 재개발로 옛 모습은 전혀 없다.

오늘은 개화기 민 씨 척족 실력자이며 조선인 최초로 세계 일주를 경험한 민영익(1860~1914년)을 따라 인사동 관훈동 거리를 걸어 보기로 했다. 가난한 선비의 아들에서 민비의 처조카로, 개화파에서 수구파로 변신하며 개화 세력에 철저하게 보복하고 구한말 부패 관리의 전형으로 거론되는 인물이다.

민영익이 성장하고 권세가 불어나는 '죽동궁(竹洞宮)'은 현재 위치상 어디일까?. 죽동궁은 원래 순조의 장녀 명온공주와 부마 김현근이 거주하던 궁이다. 김현근이 병을 앓을 때 치유를 위해 무당들이 대나무 칼춤을 추어 죽도궁(竹刀宮)이라 하였는데 그 후 죽동궁이라 부르기 시작했다. 궁은 왕실의 사유재산이라 할 수 있으며, 중전(왕비)에게 관리권이 있었다. 왕실에서는 무상 임대, 증여, 매매 등을 통해 복잡하게 소유권이 이전되며 현대에 와서는 거의 사유화되었다.

GPS를 따라 걸어도 종로 도심은 변화가 심해 그 터를 찾기가 쉽지 않다. 더구나 주소가 신주소로 바뀌면서 역사적인 지명 관훈동은 찾아보기 어렵다. 관훈동 주변을 두 세 바퀴를 돌아본 뒤에야 어렵게 리모델링 중인 아미드 호텔 앞 공사장에서 터석을 찾았다.

상인들의 전언으로는 이곳 일대가 여흥 민씨(민영휘) 땅이라는 것이다. 민비 일가의 힘이 아직도 잔존하고 있으며, 친일파 재산환수 문제가 매우 복잡함을 말해준다.

민영익과 사촌지간으로 을사보호조약에 반대하며 자결한 충정공 민영환의 순국지도 바로 맞은편이다. 죽동궁은 개화파의 쿠데타(1884년 12월 갑신정변)가 일어

관훈동, 민영환의 순국을 기리는 기념석

관훈동, 율곡 이이의 집터와 회화나무

난 조계사 앞 우정총국에서 3백여m, 개화파 박영효의 인사동 집과 지근거리이
며, 박규수의 북촌 사랑방, 흥선대원군의 운현궁과도 10분이면 닿는 거리였다.

　이 땅 바로 옆에는 율곡 이이 선생의 집터와 회화나무 고목이 살아남아 굴곡진
이 땅의 과거를 조명하고 있었다. 쇄국과 개화, 보수와 진보가 모두 한 동네에서
피어오르고 각축을 벌이며 구한말을 핏빛으로 물들였다.

　백사십 년 전 개화파와 보수파 모두가 민영익으로부터 권력의 끈을 잡으려 죽
동궁에 불나방처럼 모여들었다. 민영익의 등장에는 흥선대원군의 권토중래와 민
비의 권력 사이에 끈질긴 갈등이 잠재되어 있다. 흥선대원군이 10년 권좌에서 쫓
겨난 직후 1873년 12월 10일 민비의 침전에 설치된 폭약이 폭발하며 경복궁에

대화재가 발생했다. 1874년에는 민비의 양오빠 민승호가 선물을 가장한 폭발물에 의해 생모와 아들과 함께 폭사하는 사고가 발생한다.

민영익의 수염을 기른 모습. 노련함을 보이려는 것일까?

이 모두 물러난 흥선대원군의 사주로 인한 것이었다. 민비는 피눈물을 쏟으며 복수의 이빨을 악물었다. 고종과 민비도 강력히 반격했다. 전국에 암행어사를 파견해 흥선대원군의 잔당을 관계에서 파직하고, 유생들의 대원군 복직 상소는 참수에 처했다.

민비는 즉시 집안의 가통을 이을 양자를 물색하였다. 1875년 먼 친척이며 하급 선비인 민태호(1834~1884)의 아들 민영익을 양자로 선택한다. 원래 민태호는 몰락 양반의 후예로 1870년이 되어서야 과거에 급제하면서 밥벌이를 하게 된 인물이다. 민태호는 외아들 민영익을 민비의 집안 양자로 보내며 권력을 얻는 대도박을 한 것이다.

고종은 처남이 된 민태호에게 궁궐 소유의 '죽동궁'을 하사한다. 민태호의 아들 16살 민영익은 졸지에 하급 양반의 아들에서 임금의 외척으로 죽동궁의 주인공이 된다. 민비는 9살 아래인 조카 민영익을 민 씨 세력의 중심인물로 만들어 여흥 민씨를 안동 김씨에 버금가는 가문으로 만들고 싶었다.

2년 뒤 1877년에 민영익은 과거에 합격한다. 당일로 정8품에 임용하여 규장각 홍문관 승정원의 요직에 파격적으로 겸직시킨다. 전례 없는 일이었다. 엄격한 과거제도도 공정성을 잃어 합격자를 돈으로 거래한다. 사전에 고위층의 자제를 합격명단에 포함하여 발표하는 등 인사제도는 무너지고 있었다.

수송동 도심공원

　다음 해에는(1878년) 민영익의 나이 19세에 이조참의(정3품) 겸 도승지(비서실장)에 임용하니, 천하의 청탁꾼들이 죽동궁에 모두 모여들며 '죽동대감'으로 떠받든다. 조선 역사상 약관의 나이도 안된 애송이가 인사권을 장악한 것은 그가 최초였다.

　민비는 영리했고 고종은 내 편이 필요했다. 한술 더 떠 민영익의 여동생(민태호의 여식)이 순종의 세자빈으로 간택되었다. 현직 왕(고종)은 고모부이고 미래 왕(순종)은 매제가 되었다. 민태호 민영익 부자는 안동 김씨를 잇는 세도가가 된 듯 들떠 있었다.

　민영익에 관한 매천야록(梅泉夜錄)의 기록을 본다.

　"민영익은 영리하고 글씨와 그림을 좋아했다. 하지만 번잡하고 행동거지가 변

조계사 앞 우정총국 건물

덕이 심해 어린애 같아 아첨꾼들이 들끓었다.”

　학자들은 어릴 적 궁박한 환경에서 자란 그가 사대부의 자질을 배우지 못하고, 결단력이 약한 품성을 가지게 되어 후일 개화파에서 탈퇴하고 친청 사대당이 된다고 분석한다.

　그와 대비되는 풍운아 김옥균은 민영익보다 나이는 9살 위(1851년생)이다. 과거 시험도 6년이나 먼저 장원급제(1871년)했지만, 직급은 홍문관 부교리라는 한직에 머물러 있었다. 개화파나 보수파도 민영익의 죽동궁에 선을 대지 않을 수 없었다. 장원급제한 김옥균과 영의정의 자제인 홍영식도 죽동궁에 드나들었다.

　1876년 일본과의 수교가 이루어진다. 그 이듬해 김기수가 일본에 수신사로 파견되면서 개화(근대화)는 고종에게도 거스를 수 없는 대세였다. 당초에 고종과 민비 그리고 민영익은 친 개화파였다. 1876년 4월, 2개월간 일본에 다녀온 1차 수신사 김기수의 보고서는 눈을 의심케 할 정도로 일본이 발전하고 있다는 것이었다.

민영익이 개화파 김옥균을 고종에게 소개했다. 고종은 김옥균에게 호감을 가지고 대궐에 무시로 드나들 수 있는 별입시(別入侍 특별출입)를 허용했다.

1880년 6월에는 2차 수신사로 김홍집을 파견하여 재차 일본의 발전상을 확인했다. 김홍집과 함께 귀국한 승려 이동인까지 민영익을 통해 고종과의 만남이 이루어질 정도였다.

조선 역사 이래 임금이 승려를 업무상 궁궐에서 만난 사례는 없었다.

1880년 말에는 일본 공사 하나부사가 상주 외교관으로 서대문 청수관에 부임한다.

고종은 이때부터 본격적인 제도 개혁과 외국과의 교류에 착수하기 시작한다. 청나라의 관제를 본떠 통리기무아문을 설치하고 군제 개혁에 착수한다. 일본식 군사제도를 도입하여 신식 군대인 '별기군'을 창설하고 교관과 신식 무기를 지원받는다. 민영익도 별기군의 책임자가 되면서 개화 세력에 합세한다.

문제는 민생의 피폐를 도외시한 채 개화가 진행되며 보수파의 반격이 시작되는 것이다. 흥선대원군 세력이 군사 반란(1882년 임오군란)을 사주하며 구식 군인들이 들고 일어난다. 민중이 가세하여 민씨 척족을 습격하고, 일본 공사관이 불타면서 민비는 궁궐에서 도주한다. 대원군의 집권도 잠시, 청국 군대가 개입하며 일거에 친청 사대 세력의 천하로 바뀐다.

별기군 책임자로서 피해를 당한 민영익과 일본을 방문 중이던 김옥균도 임오군란 사태에 놀라 급거 귀국하며 정세 파악에 몰두한다.

두 사람의 해법은 이미 이때부터 달라지지 않았을까? 민영익은 민 씨 척족 정권 유지를 위해 청나라를 선택하고, 김옥균은 치욕적인 청국의 횡포를 몰아내기 위해 혁명을 구상하며 동상이몽 속에 각각 미국과 일본으로 향한다.

안국동, 혁명의 전운

오늘은 안국동 사거리를 중심으로 임오군란(1882년)과 갑신정변(1884년)의 사이에 혁명과 반혁명의 정세에서 격돌하던 인물과 공간을 추적하기로 했다. 학창 시절부터 안국동 사거리는 설렘의 거리였다. 그곳에는 정말 많은 학교가 있었다. 꿈 많던 여고생들이 숙명, 풍문, 덕성, 창덕여고를 드나드는 것을 목격했다. 남자 고교는 휘문, 경기, 중앙, 중동, 대동상고 이름도 헤아리기 어려울 정도로 많다.

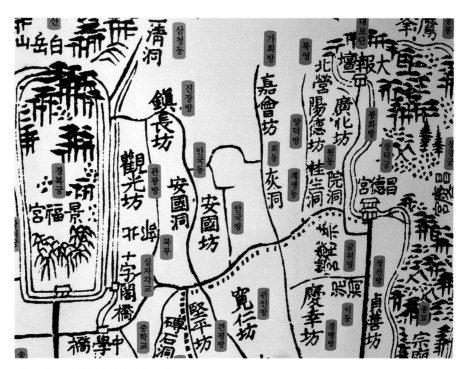

안국동을 중심으로 본 조선의 수선전도

개화파 박영효. 끈질긴 권력의지의 인물

왜 이렇게 많은 학교가 이 골짜기에 모여 있는지 참으로 의아했다. 이번 답사에서 이 의문도 풀릴 수 있을까?

안국동 사거리를 140년 전 1883년의 시계로 돌려보자. 갑신년 쿠데타가 발생한 조계사 앞 우정국 청사와 외교 고문 묄렌도르프의 박동궁 집(종로구 수송동, 구 숙명여고 터)은 바로 붙어있다. 북쪽으로 길 건너 민영익이 정변을 진압하고자 했던 사령부 안동별궁(구 풍문여고 터)과 민비가 6살부터 살던 친정집 감고당(덕성여고 터)도 바로 인접이다.

여기서 동쪽으로 건너가 인사동에 개화파 박영효의 집과 교동 일본공사관(천도교 수운회관 부근)이 인접하고, 보수의 대표 흥선대원군의 집 운현궁이 위치한다. 도보로 10분도 안 걸리는 1Km 거리 이내에서 새 시대를 향한 역사의 모순은 내연하고 있었다.

1882년 임오군란 후, 일본 측 피해를 수습하기 위해 그해 8월 조선은 개화파 박영효를 대표로 하는 사절을 일본에 파견한다. 조선의 개혁을 돕기 위해 일본은 군사교관과 장비를 제공했을 뿐인데 임오군란에서 큰 피해를 입었기 때문에 보상 요구를 할 만한 타당성이 있었다. 사절 속에는 개화파인 김옥균과 민영익이 비공식 수행원으로 포함되었다.

김옥균은 이미 두 번째 방일이며 민영익은 최초의 해외 방문이었다. 이 방문에서 김옥균은 눈부시도록 발전하는 일본의 메이지유신(1876년)을 개혁의 모델로 재확인하고 왔다. 그러나 민영익은 청국군이 엄존하는 국내 사정을 생각하며 시름이 깊었다. 민영익은 그해 말에 청국의 세관제도를 배우기 위해 중국 천진으로 가서 제도를 살펴봤다.

조선은 임오군란 후 6천 명의 군사를 주둔시킨 청국과의 관계에서 '조선은 청국의 속국'이라는 굴욕적 조항까지 받아들일 수밖에 없었다. 개화파에게는 참기 어려운 치욕이었다. 이 문제는 1882년 중국 천진(天津)에서 시작된 조선과 미국의 수교 협상 시에도 이미 부상된 외교 문제였다. 중국 총리 대신 이홍장이 미국 측에 이 조항을 삽입하자고 제안한 바 있으나 미국의 거절로 포함되지 않은 민감한 문제였다.

풍운아 김옥균의 젊은 시절

백 년이 지난 21세기에도 중국의 시진핑이 미국 트럼프 대통령을 방문했을 때도 백악관에서 똑같은 발언을 함으로써 중국인들의 음흉한 속내를 확인할 수 있다. 일본은 이 문제를 역으로 이용하여 '조선은 자주독립국이다'라는 문구로 한반도를 일본 세력권으로 하려는 흉계를 가지고 있었다. 한반도의 국제 역학 관계는 구한말이나 오늘날에도 참으로 복잡 미묘하다.

또 하나의 간섭은 1882년 말 청국 총리 이홍장이 독일 외교관 출신 묄렌도르프를 조선의 외교 고문으로 추천한 것이다. 고종은 묄렌도르프에게 임오군란 때 폭도에게 죽은 민겸호(민영익의 양 숙부)의 비어있는 집 박동궁(구 숙명여고 수송동 터)을 사용토록 했다.

갑신년 쿠데타가 일어난 우정총국 청사는 박동궁의 인접 건물이었으며, 원래는 조선시대 전의감(典醫監)이라는 약제 제조창이었다. 일부에서는 우정국 건물도 박동궁이라 표기하고 있으나 별개의 건물이었다. 현장 답사 결과 알아낸 중요한 소득이다. 현재의 조계사 절은 1937년에 중흥된 건물로 개화기에는 존재하지 않았던 것이다.

박동궁 초기에 묄렌도르프의 집에서 끓인 커피가 조선 최초의 커피라는 설이

우정총국의 옛터는 전의감이었다.

있을 정도로 구한말 개화 과정에서 이 독일인은 중요한 위치를 차지한다.

미국 공사 푸트는 조선 관료들의 미국 방문을 제안한다. 조선은 청국으로부터의 굴욕을 씻어낼 방책의 하나로 미국과의 협력 증진 방법을 모색했다. 고종은 총애하는 정권 실세 민영익(당시 24세)을 1883년 7월 보빙사(報聘使) 대표로 삼아 조선인으로는 최초로 미 대륙에 파견한다. 부사에 홍영식, 수행원 서광범, 변수, 유길준 등 대부분 개화파 인사들과 외국인 통역이 포함되었다. 고종은 미국을 통해 청국의 간섭을 막고

1883년 7월 미국으로 파견되는 민영익 등 보빙사 일행

근대화에 대한 미국의 협력을 목표로 하는 숨은 전략을 가지고 있었다.

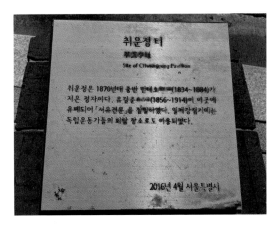

감사원 별관 앞, 취운정 터, 서울의 절경지

미국 군함을 타고 7월 26일 인천항을 출발한 사절단은 일본 요코하마에 도착하여 1달여 태평양 횡단을 준비한다. 그들은 일본 측의 시기와 비협조에도 8월 15일 요코하마를 출발하여 9월 2일 샌프란시스코에 도착한다. 태평양을 건너며 기선 아라빅호에서 생애 처음 빵과 스테이크를 대접받은 그들의 표정은 어땠을까? 샌프란시스코에서는 대륙횡단 열차를 타고 뉴욕에 도착한다. 광활한 미대륙을 기차로 횡단하며, 상투를 튼 조선 고관들은 경천동지의 충격을 받았을 것이다. 이후 미국의 근대시설 산업현장과 군사 과학 시설을 방문한다.

21대 미국 대통령 아서(C.A. Arthur, 1881~1885 재임)를 백악관에서 만났을 때는 한복을 입고 조선식 큰 절로 마룻바닥에 엎드려 절하는 조선 사절단에 미국의 언론은 특이한 외교의전이라는 만평을 싣는다.

미국의 배려로 민영익 서광범 변수 일행은 미 군함 트렌턴호를 타고 다시 유럽 시찰을 떠나고, 홍영식 일행은 태평양을 건너 바로 귀국한다. 수행원 유길준은 민영익의 당부로 보스턴에 남아 상투를 자르고 미국 유학을 시작한다. 한국 최초의 미국 유학생이다.

1885년 유길준은 미국 유학 중 귀국하여 갑신정변 관련자로 체포당한다. 개화파와 가까워 역적으로 중벌을 받아야 하지만, 삼청동 민영익의 별장 취화정에서 신병을 연금하는 수준으로 죄가 경감되었다. 민영익과 가깝고 정변시에 조선에 있지 않았기에 특별한 배려가 있었다. 현재 삼청동 감사원 별관 자리에 있던 취운

안동별궁이 있던 풍문여고 부지, 현재 서울공예박물관

정은 북악산 동쪽 줄기를 따라 절경에 지어진 건물로, 유길준은 이곳에서 8년여 연금당한다. 그는 이곳에서 우리에게 잘 알려진 미국 유학기 『서유견문(西遊見聞)』이라는 역저를 쓴다.

미국은 함정을 제공하고 여행 비용을 모두 부담했다. 민영익은 여행 내내 유교 경전을 읽으며 유럽의 발전상에 애써 담담한 척했다. 10개월간의 미국 유럽 방문을 마치고 1884년 5월 9일에 귀국하였다. 일본에서 돌아온 김옥균도 인천까지 마중 나가 그를 환영했지만, 민영익의 표정은 어두웠다.

민영익은 미국 공사 푸트를 만나 말한다.

"나는 암흑세계에서 살다가 광명 세계로 들어갔다. 그리고 다시 암흑세계로 돌아왔다."

조선 역사상 최초의 세계여행은 그의 정신세계와 가치관을 바꾸지 못했다. 근대화의 시대정신은 외면한 채, 그는 민 씨 일가의 권력 연장과 청국과의 사대 외교 현실에 집착하는 퇴행을 보였다. 개화 정책은 일부 수용하지만, 체제는 봉건왕조 체제를 굳건히 유지하는 것이었다. 미국의 도움으로 청국의 간섭을 막으려는 고종의 전략도 미국의 고립주의 외교로 인해 짝사랑으로 끝났다. 고종의 국제정세 파악이 많이 부족한 상태였다.

민영익은 개화파와 거리를 두며 김옥균과 박영호를 요직에서 배척하는 반개혁 조치를 취한다. 군사 지휘권을 장악하며 우영사로 취임하고, 집무실을 궁궐에 가까운 안국동 사거리의 요지 안동별궁(현재 국립공예박물관, 구 풍문여고 터)으로 옮겨 경계 활동을 강화한다.

유홍기 김옥균 박영효 등 분노한 개화파들은 1884년 9월부터 신촌 봉원사와 보문동 탑골승방, 수유리 화계사, 압구정 박영효의 별장에서 여러 차례 비밀리에 숙의했다. 죽동궁 부자(父子) 민태호와 민영익을 제1호로 제거하고 민 씨 척족 사대 당을 무력으로 몰아내야 한다는 결론에 도달했다.

김옥균은 쿠데타 5일 전에 고종을 독대하여 거사 계획을 보고한다. 고종은 "국가의 명운이 위급할 때 모든 조치를 경의 지묘에 맡기겠소"라고 답한다. 친위 쿠데타를 기획한 것이다. 미국 공사 푸트에게도 사전에 통지하고 유사시 협조해 줄 것을 요청하지만 "시기가 적당치 않다"라는 충고를 들었다. 다행히 비밀누설은 없었다.

일본 공사관은 종로구 교동 박영효 형제의 토지에 두 번째 일본 공사관을 개설하고, 쿠데타 계획에 깊숙이 개입한다. 일본 외무성의 지시를 받은 일본 공사 다케초에 신이치로는 일본군 1개 중대 150명을 지원하기로 한다. 개화파의 쿠데타는 일본의 힘을 빌려 친청 보수파를 제거하고, 정권을 잡아 조선을 개혁하겠다는 위험천만한 계획이었다.

140년 전, 이미 미국 일본 중국은 한반도에서 서로를 감시하며 주도권을 잡기 위해 깊숙이 발을 담그고 있었다.

삼일천하 갑신정변, 험난한 근대

    1884년 갑신정변의 현장이었던 우정총국을 찾아간다. 다행히도 우정총국 유적은 종로구 견지동 조계사 정문 북쪽 공원에 단아하게 보존되어 있었다. 기와도 정갈하며 단청도 선명하게 채색되어 있고, 현재는 체신기념관으로 운용되어 살아 움직이는 건물이었다. 생동하는 유적은 답사자의 숨을 가쁘게 한다.

    우정총국은 현재의 서울 중앙우체국에 해당한다. 근대식 우정 제도의 도입은

조계사 앞 우정총국 전경. 혁명의 대결장

고종의 전폭적 지원을 받은 개화파 홍영식의 작품이었다. 1880년부터 일본과 미국 방문에서 서구적 우편 업무의 신속 효율성을 확인한 홍영식이 주도하여 근대적 제도를 도입한 것이었다.

우정총국에서는 우정 업무의 상징인 우체통을 번화가인 창덕궁 앞, 광화문 앞, 정동 거리, 일본공사관 앞, 종로사거리와 수표교 옆, 그리고 개항지인 인천 제물포 등 7개소에 설치하여 백성은 누구나 쉽게 접근할 수 있었다.

근대화의 상징 우정총국은 정변을 겪고 기능이 폐지된다. 건물의 용도도 '관립한어(중국어) 학교'로, 일제강점기에는 '중동학교 야학부'와 '경성 중앙우체국장' 관사로 사용되었다.

1884년 12월 4일 저녁 우정총국 개관 축하연이 종로구 견지동 우정총국 청사에서 개최된다. 미국 공사 푸트(Foote), 영국 총영사 애스터, 청국 대표 진수당, 묄렌도

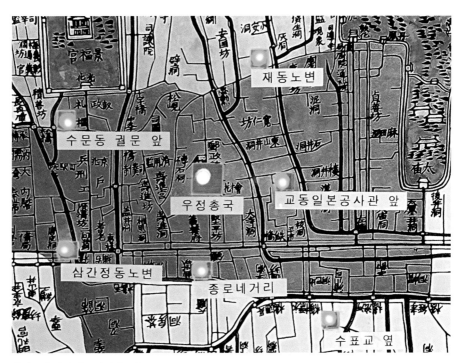

우체통이 설치되는 번화가 7개소

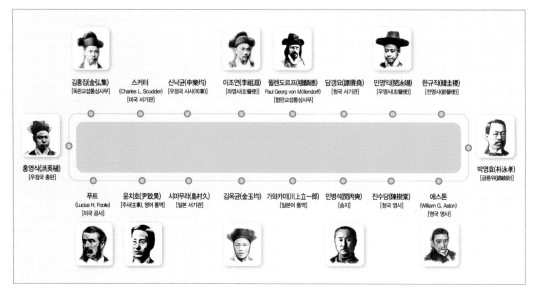

우정총국 낙성식의 국내외 중요 인사들

르프 외교 고문, 일본 공사관 시마무라 서기관이 외빈으로 참석하였다. 국내 인사로
는 개화파의 우두머리 김옥균이 가운데 정좌하고, 우정총국 총판 홍영식, 박영효,
온건파 김홍집과 보수파 민영익, 이조연, 한규직, 민병석 등의 면면이 등장한다.

영어 통역으로 윤치호, 일본어 통역으로 가와카미, 중국어 통역으로 청국 서기
관 담갱요가 참석한다. 외세와 개화, 보수세력이 정립하고, 통역관들이 모여 있는
구한말을 기묘하게 상징하고 있다. 당시의 현장 상황이 현재의 우정총국 체신기
념관에 보존되어 있다.

개화파 일당이 우정총국 옆 건물에 방화하며 연회장의 대혼란으로 기획된 쿠데타
는 시작되었다. 수상한 기미를 눈치챈 민영익이 도피하려는 순간 배치된 일본 건달 4
명이 칼을 휘둘러 쓰러트린다. 이렇게 급진개화파가 시도한 정변은 안국동 사거리에
서 재동 사거리에 이르는 반경 1km 안에서 사흘간 천하를 건 싸움이 벌어진다.

우정국을 빠져나온 김옥균은 일차로 고종과 민비의 신병을 광활하고 복잡한
창덕궁에서 빼내 방어가 용이한 정문 돈화문 옆으로 옮긴다. 이동한 곳은 영조의

생모 수빈 박 씨의 사당인 경우궁(현 대그룹 본사 북쪽, 구 휘문고 터)이었다.

춥고 협소한 경우궁에서 바로 이웃한 고종의 사촌 형 이재원의 집 계동궁(현대그룹 본사 남쪽 앞마당)으로 2차로 옮겨갔다. 왕명을 빙자해 민태호(민영익의 부) 등 사대파 요인 6명을 소집해 현장에서 살해한다. 이

사적 213호 우정총국의 역사

어서 혁명 공약 발표와 개각으로 기선을 잡았다.

다음날 분노한 고종이 창덕궁으로 이동할 것을 요구하며 전세는 반전된다. 창덕궁에서 사태를 파악한 영리한 민비는 궁을 탈출한다. 그리고 청국군을 불러들여 총격전으로 반란군과 일본군을 제압한다. 김옥균 박영효 등 주동 세력은 교동일본 공사관으로 도주하며 다음 날 인천 탈출과 일본 망명으로 이어진다. 사흘 만에 실패로 끝이 났다.

실패한 쿠데타에 가혹한 보복은 필연적이었다. '갑신오역(甲申政變 五逆)'으로 몰린 김옥균 홍영식 박영효 서재필 서광범 등 가담자와 그 가족 등 수많은 사람이 역적으로 몰려 가산은 몰수되고 처참한 죽임을 당한다. 중인 출신 개화파 백의정승 유홍기도 산으로 잠적하고 행적을 감춘다. 보수파도 민태호(민영익의 부)를 비롯한 주요 대신 6명이 피살당했다. 조선인 140명, 일본인 40여 명과 중국인 10명이 살해되는 피해를 내고 광란의 정변은 막을 내렸다.

그 후 정변의 실패에 관해 많은 논의와 연구가 있었다. 무엇보다 혁명 주도 세력들은 너무 어려 김옥균(33세), 홍영식(29세), 서광범(25세), 박영효(23세), 서재필(20세)로 젊은 혈기는 넘쳤으나 총체적으로 경험 부족이었다.

사민평등이나 근대화의 이념에 관해 민중의 호응이나 이해가 없었다. 역관 출신 유홍기와 북촌 박규수 문하 엘리트 양반 출신 소수 선각자만의 개혁 시도로는

박정희의 친필로 혁명가들을 배려했다.

확산할 수 없었다.

군사적으로는 일본군 병력 150명으로 청국의 병력 1,500명을 막아낼 수 있다는 전략이 서투른 판단이었다. 일본의 메이지유신이 하급 무사들과 영주들에 의해 전국적 호응으로 확산되어 성공한 것과 극명하게 대비된다.

권력자 감시에 소홀해 용의주도한 민비가 탈출하고, 고종의 분노를 야기하여 결국 청국군의 개입을 요청하게 한 것도 쿠데타 주도 세력의 전술적 서투름을 보인 것이다.

청국의 굴욕적 간섭을 물리치기 위해 일본이라는 외세를 동원했으나, 조선 민중 다수에게는 '일본은 수용될 수 없는 악의 축'이라는 인식을 넘어설 수 없었다. 이 인식은 반일과 친일의 이념전쟁이 백 년간 계속되며 21세기 국론 분열의 대오를 구축하고 있다.

근대화 운동의 선구이며, 자주 독립국가를 만들겠다는 시도는 결과적으로 근대화 역량의 막대한 손실을 가져온다. 청에 의존하는 사대당이 강화되며 반동의 퇴행적 역사가 펼쳐진다. 민 씨 척족들의 무능하고 타락한 정권은 외세의 먹잇감으로 전락한다.

청의 굴욕적인 간섭은 확대되어 25세의 위안스카이는 안하무인으로 조선 총독 행세를 하고, 조선인의 반청 반일 의식도 뿌리 깊게 확산하고 있었다. 민생은 피폐해져 농민들의 저항운동이 꿈틀하며 동학 농민봉기가 잉태된다.

우정총국은 갑신정변 88년이 경과한 1972년 대통령 박정희(1917~1979)의 의지로 전면 보수하여 체신기념관으로 재개관된다. 우정총국이라고 쓰인 현판도 박정

보빙사 민영익과 홍영식, 보수와 개화의 동상이몽

희가 직접 쓴 것이며, 체신부 장관 신상철이 참석하여 준공식을 한 것으로 기록되어 있다.

박정희는 왜 우정총국 건물을 1970년대에 복원했을까?

박정희는 갑신정변의 역사적 대의를 공인함으로써, 5.16군사정변을 정당화하고 자신이 근대화의 역사적 계승자임을 천명한 것으로 보고 있다.

북한의 김일성도 집권 초기에는 갑신정변을 친일파의 망동으로 무시하다가, 집권 후기에는 근대적 부르주아 혁명으로 평가하는 편에 서 있다.

각자가 현재 서 있는 입장에서 평가는 달라진다.

쿠데타 주도 세력이 한 발짝 뒤로 물러서며 내부 혁신을 할 수는 없었을까?

실패한 과거는 오늘을 사는 우리에게 무엇을 말해주고 있는가?

차오르는 실망감을 삭히면서, 목련꽃이 피어난 안국동 사거리 답사를 마무리하게 된다.

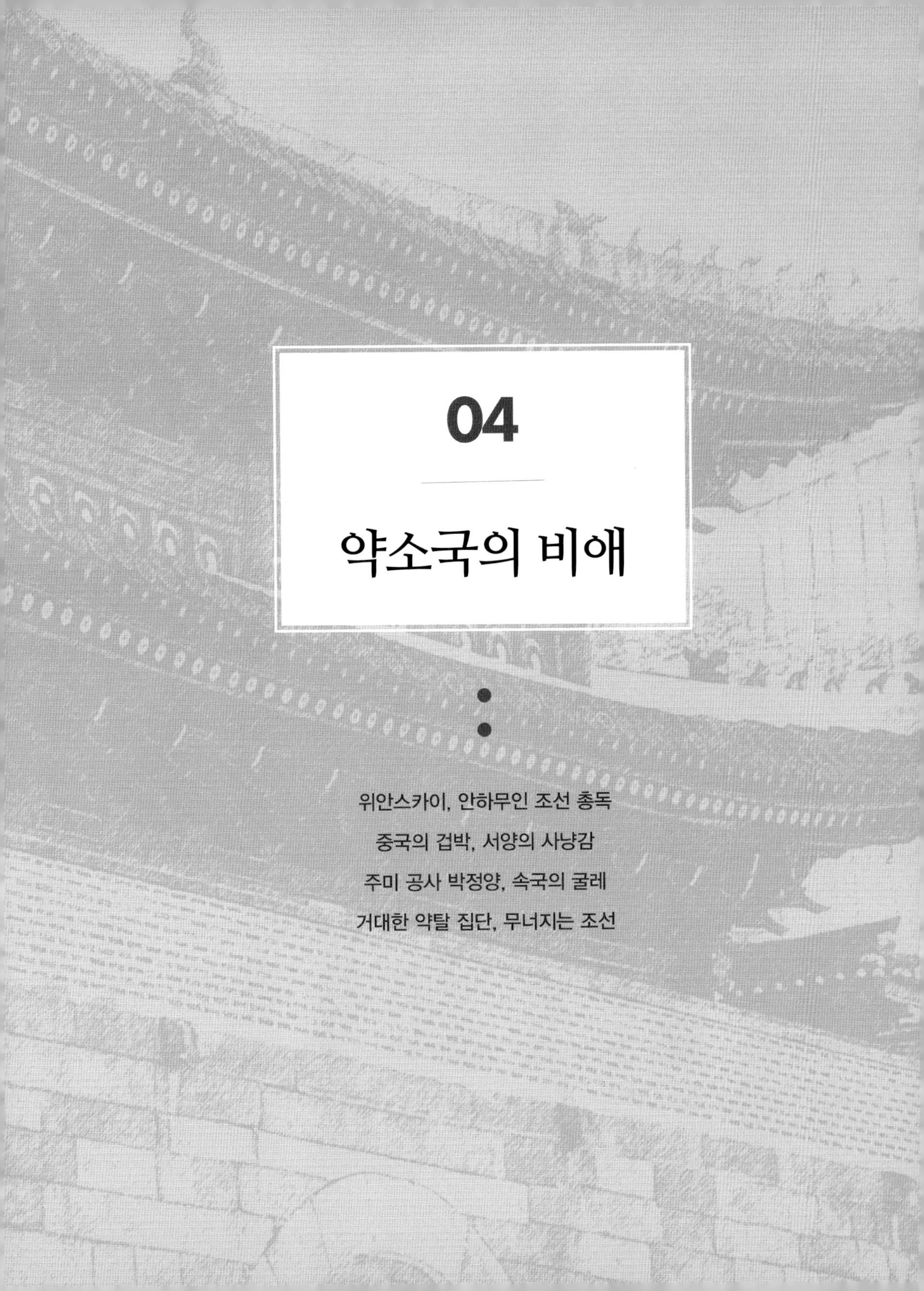

04

약소국의 비애

위안스카이, 안하무인 조선 총독

중국의 겁박, 서양의 사냥감

주미 공사 박정양, 속국의 굴레

거대한 약탈 집단, 무너지는 조선

명동 중국대사관에 몰린 중국 관광객

위안스카이, 안하무인 조선 총독

코로나 팬데믹이 지난 후 서울 명동거리에는 외국 관광객이 증가하여 다시 활기가 살아나고 있었다. 자세히 보면 그 외국인의 대다수가 중국인이라는 사실과 그들은 명동 입구에 위치한 중국대사관을 중심으로 움직인다는 것이다.

중국대사관의 위용. 명동의 노른자위 부분에 자리한다.

임오군란 이후 청군 주둔지가 대사관이 된다.

대부분의 외국 대사관은 한국 외교부와 밀접한 광화문이나 한남동에 모여 있는데, 왜 중국대사관은 땅값이 최고로 비싼 상업지역인 명동에 위치할까?

이러한 궁금증과 관련하여 구한말 조선과 중국(청국) 외교관계의 실상을 살펴보는 명동 기행을 시작해 보기로 한다.

조선의 대중국 관계는 사대외교(事大外交)로 동아시아 특유의 강소국 간 균형 외교였다. 중국과는 정기적으로 사절을 보내 조공품과 답례품을 주고받고, 왕과 왕세자의 교체 시 승인을 받지만, 내정에는 불간섭하는 관계였다.

1882년 임오군란 후 청국군이 주둔을 시작하면서 이런 외교 관례는 무너진다. 청국에서는 병력 6천 명을 서울에 주둔시키며 '조청상민수륙장정'이라는 통상조

약을 조선에 강요한다. 그 전문에서 "조
선은 청국의 오래된 속국(속방)"이라며
조선의 외교적 군사적 자주권을 부정
한다.

청국은 종주국 노릇을 하려 들었다.
통상 상의 특혜는 물론 각료 인선 등 내
정까지 깊숙이 간섭하기 시작한다. 조
선에 대한 신흥대국 일본의 영향력을
견제하는 노회한 청국 총리 이홍장의
작품이었다. 이러한 청국의 굴욕적 내

조선 총독 행세를 하던 홍안의 위안스카이

정간섭이 개화파 갑신정변의 하나의 명분이기도 하다.

군사 주둔과 불평등 조약을 무기로 1882년부터 인천과 서울에는 중국 상인과
노동자가 물밀듯이 몰려와 차이나타운을 형성한다. 특혜를 입은 중국 상인에게
조선의 상권은 잠식되며, 양국 상인 간의 충돌이 빈번히 발생한다. 이것은 1840
년 아편전쟁 이후 중국 대륙에 서양 제국주의 열강이 침투하는 행태와 유사한 경
로를 밟는 것이다.

서울의 청국 군사는 명동 입구 중국대사관 자리(포도대장 이경하의 집터)와 종묘
공원 동남쪽 외곽(구 동별영 터, 현재 인의동 종로성당 주변)에 주둔하며 도성 내 경비
와 왕궁 외곽 경비를 담당한다. 중국군에게 수도 치안과 왕궁 경비를 일부 맡긴
것이다. 이 힘을 배경으로 화교들은 을지로 입구 북창동, 조선호텔 주변(구 남별영
터, 청 사신의 숙소)에 몰려든다. 도시계획으로 북창동 차이나타운은 사라졌지만,
서울 사람들은 1960년대 초에 이곳의 이국적 풍경 속에 식사도 하고 근처의 경남
극장으로 자주 나들이를 하곤 했다.

청국은 1884년 갑신정변의 혼란을 기회로 종주국의 지위를 강화하기 위해, 25
세의 청년 위안스카이(1859~1916년)를 '주차조선총리교섭통상사의(조선 주재 외교

총감독)'으로 임명한다.

　조선의 개화파와 비슷한 나이 또래인 위안스카이는 스스로 조선 총독으로 행세하며, 조선을 자기의 감독을 받는 감국(監國)이라 부른다. 조선 대표가 외국과 교섭을 벌일 때는 청국의 사전 허가를 받으라고 요구한다. 심지어 고종을 혼군(昏君, 어리석고 우매한 군주)이라 조롱하며 왕을 교체하려는 시도까지 한다.

　위안스카이는 청국 군함을 동원하여 조선의 인삼을 밀수출하여 큰돈을 모았으며, 오만해진 청국 상인들도 1886년에 홍삼 밀수출을 단속하는 인천세관을 습격하는 사건을 벌인다. 최근 서해안 어장에서 중국 불법 어선이 단속하는 한국 해경에게 대항하는 사건이 연상된다.

　위안스카이는 임금을 만나러 갈 때 궁 안에까지 말과 가마를 타고, 병사들과 하인을 대동하며, 그것도 평상복으로 다녔다. 외국 공사들이 경복궁 광화문에서 내려, 안내받아 흙길을 걸어가는 행태와는 전혀 달랐다. 아름다운 궁궐은 그가 오는 날이면 긴장이 고조되었다.

　1884년부터 1894년 청일전쟁 때까지 조선은 그의 손아귀에서 유린당했다.

　젊은 위안스카이는 호색가였다. 중국인 처, 첩 8명과 조선인 첩을 3명이나 두고 최고의 사치를 누렸다. 위안스카이는 질병 치료차 알렌이 원장으로 있는 제중병원(재동 홍영식의 집터)에 왕래했다. 당시 병원에는 간호인력 지원자가 없어 관아의 기녀들을 간호사로 채용했다. 위안스카이는 병원 진료를 끝내고 자기를 치료한 미인 간호사를 현장에서 납치해 갈 정도로 안하무인이었다. 이런 사유로 인해 병원장인 알렌과 심한 갈등을 빚는다.

　성격이 급하고 다혈질인 알렌은 조선 정부에 항의했다. 위안스카이의 행위는 용서할 수 없으며 궁궐 출입도 외국 공사처럼 관례를 따라야 한다고 했다. 안하무인인 위안스카이도 강대국의 외교관인 알렌과의 충돌은 조심하며 피했다. 무기력한 조선만 중간에 끼여 궁색하였다. 위안스카이는 조선에서의 정치 군사 경험을 바탕으로 귀국 후에 군벌이 되고 청국을 멸망시킨다. 그리고 남경 정부 초대 총통

종묘공원 앞 중국군 주둔지

과 중화제국의 황제가 되는 난세의 거물급 반동 인물이었다.

미국과 러시아를 이용해 청국의 간섭을 막아보려는 일환으로 조선은 선교사의 임기가 끝난 알렌을 조선의 외교 고문관인 참찬관으로 임명했다. 보수도 장로교 선교사의 2배인 3천 불을 제시했다. 1887년 11월 영리한 알렌은 명예와 재물을 동시에 쥐고, 초대 미국 공사로 내정된 박정양 일행의 안내를 맡게 된다. 그러나 위안스카이는 미국 주재 공사 파견에 관해 사전 허가를 받으라며 박정양의 미국 행을 단호히 방해하고 나선다.

중국의 겁박, 서양의 사냥감

    조선 최초의 외국인 외교 고문 묄렌도르프의 행태를 보면 구한말 근대화 정책 추진에 상당 부분 기여한 부분도 발견된다. 그러나 역사학자들은 그 평가가 매우 인색하며 그를 제국주의 학자의 전형적 행태로 비판한다. 어떤 부분에서 그러할까? 우리는 그런 부분이 궁금하여 그 이후 외교 고문으로 부임한 미국인 데니(Denny)란 인물을 찾아 구한말 외교 실상을 알아보기로 했다. 마침 김학준 교수

독립문과 영은문의 돌기둥, 독립과 종속사이

1

가 집필한『서양인들이 관찰한 후기 조선』이란 책자를 발견했다.

1882년 군사 반란(임오군란)이 실패한 후 중국이 추천한 묄렌도르프는 조선의 생존책으로 친러시아 정책을 추진하다가 이홍장에 의해 소환당했다. 1880년대 중반, 조선에서 중국과 일본의 각축전 속에서 러시아의 남하를 저지하려는 영국의 반러 정책이 작동된다. 영국은 일본과 우호 관계를 후일 영일동맹으로 확대한다. 신흥대국인 미국의 조선 문제 불개입 정책을 조선 정부는 뒤늦게 간파하고, 러시아와의 협력으로 국가 위기를 돌파하려는 움직임이었다.

중국은 이후로 조선에 대한 엄격한 통제와 감시책을 준비했다. 우선 한성 주둔군 사령관 위안스카이를 주차조선총독으로 서울(한성)에 주둔시켜 조선 정부 전반을 철저히 감독하게 하였다. 그리고 이홍장은 묄렌도르프의 후임으로 미국 법률가 오웬 데니(Owen N Denny)를 추천하여 1886년 3월부터 외교정책을 엄격하

명동 중국대사관, 포도대장 이경하의 집터

세종로 미국 대사관, 수교 140년의 상징

게 통제하려 했다.

위안스카이는 "조선은 중국의 통제를 받는 변방의 한 나라이며, 자주(自主)라는 말에 현혹돼 중국으로부터 이탈을 추구하다가 실지(失地)의 화를 당하지 말라"라고 경고했다. 그는 한술 더 떠 "만일 조선이 중국을 배반한다면 중국은 반드시 군사를 신속히 동원해 점령할 것"이라고 협박했다.

최근 정부가 대만 문제의 평화적 해결을 언급했을 때, 친강 중국 외교부장이 "불장난을 하면 불에 타 죽을 것이다"라고 무식하게 경고한 전랑 외교(늑대 외교)의 맥락과 상통한다.

그러나 미국 법률가 데니는 중국의 기대와는 달리 조선의 독립을 옹호하며 독자 외교 노선을 제시한다. 미국 오하이오주에서 출생해 오리건으로 이주해 윌러멧 대학에서 법률을 전공한 데니는 외교적 감각이 뛰어난 공직자였다. 1877년에 톈진 주재 영사로 부임하여 이홍장과 친교를 쌓고, 1880년에는 상하이 주재 총영사로 승진하였다. 1884년에는 미국으로 귀환해 변호사로 활동 중, 이홍장의 연락을 받고 조선의 외교 고문으로 부임하게 된 것이다.

데니는 1886년 3월 28일에 서울에 도착했다. 주차조선총독 위안스카이는 데니가 자신의 권한을 침해할까 우려해 시기하며 경계한다. 고종과 중신들의 미국 기대론 속에 용모와 예절에서 좋은 인상을 받은 데니는 내무부의 협판 겸 외아문의 당상으로 임명됐다.

위안스카이의 무례와 외교특권을 이용한 조선 인삼의 밀수출, 인사 개입, 광물자원 개발 방해 책동뿐만 아니라 도를 넘어 1886년 말부터 고종의 퇴위 음모를 꾸미기 시작했다. 이런 불법행위를 목격한 데니는 위안스카이를 공개적으로 비난하기 시작했다. 그리고 그 내용을 정리한 책자를 발간하여 식자층에 배포하기 시작했다.

그 책자가 '중국과 한국(China and Korea)'으로 명명된 획기적인 책이었다. 그는 이 책에서 '코리아는 중국의 속국(vassal state)이 아니라 조공하는 관계(tributary state)'일뿐이며 '코리아가 국제법상 분명히 독립국'임을 논리적으로 주장했다. 이 논리가 서방 외교가의 조선 독립국론의 이론적 근거가 되는 교과서가 된다. 데니가 친러정책을 추천하지는 않았지만, '중국과 일본의 조선 보호국론'을 강하게 비판한 것은 국제법 학자로서 매우 이성적이었다.

반면, 데니는 고종에 대해서는 특이하게도 철저히 옹호했다. "고종은 절제와 근면한 습관을 가지고 있으며 진보적 기질의 인간이었다. 국왕은 참모들로부터 정보를 끊임없이 추구하면서, 백성들을 문명의 길로 인도하기 위해 노력하고 있다."라고 덧붙였다.

이 부분은 우리가 접한 고종의 이미지와는 전혀 다르게 말하고 있어 참고할 만하다.

1890년 데니는 중국의 강력한 반발과 미국의 한국 문제 불간섭 정책으로 서울

복원된 광화문, 제국주의의 사냥감

에서의 관직을 포기하고 4년 만에 미국으로 돌아간다, 그는 1892년부터 1896년
까지 오리건주 상원의원으로 선출되며 미국 국회에서 영향력을 행사할 수 있
었다.

　이에 대해 전임 외교 고문이었던 묄렌도르프는 즉각적 반론을 제기했다. 조선
에서 해임된 후 묄렌도르프는 이홍장의 개인비서로 일하고 있었는데, 그의 소망
은 조선으로 복귀해서 고위 관직을 얻는 것이었다. 중국에 대한 충성심을 발휘할
기회가 온 것이다, 그는 조선은 중국의 속방임을 역설하는 논문을 영어로 발표
했다.

조선을 중국의 어린아이에 비유하면서, "자립할 때까지 중국의 보호가 절실하게 필요하다"라고 말했다. 이는 처절한 외교 현실이었지만, 묄렌도르프가 1885년도에 추구하려 했던 친러정책의 순수성이 의심받게 되는 것이다. 국가 간의 외교에서 상대방의 선의를 기대하는 것은 금물이라는 불문율이 생각나는 묄렌도르프의 처신이다.

반면, 묄렌도르프의 충성심은 보상을 받았다. 이홍장의 결정으로 데니의 후임으로 서울로 돌아갈 수 있었다. 그러나 묄렌도르프는 이중적 행태로 서울의 외교가에서도 기피 인물로 간주하니, 톈진으로 다시 돌아가야 했다. 조선이라는 취약한 나라는 목표를 위해 어떤 수단 방법도 마다하지 않는 노회한 서양 외교관들의 사냥터였다.

주미 공사 박정양, 속국의 굴레

마포구 합정동 한강변 양화진을 찾아보기로 한 날이다. 2호선 전철 합정역 7번 출구에서 서남쪽 300여m 언덕 부근에 외국인 선교사 공원묘지와 천주교 절두산 성지가 나란히 위치한 지역이다. 지금은 양화대교와 2호선 당산철교가 양화진과 강 건너 당산동을 연결하고 있어 상전벽해를 실감하는 역사의 흔적으로 남아

양화진은 서울 주재 외국인의 고향이었다.

있다. 버드나무가 수려했던 양화진은 1899년 경인 철도가 개통되기 전, 서울에서 인천을 연결하는 반드시 거쳐야 하는 한강 포구였다.

　양화진 포구를 떠난 조선의 주미 전권대신 박정양(1841~1905년)과 그 일행(이완용, 이하영, 이상재, 이채연 등 10명)은 인천항에서 1887년 11월 12일 미국 선교사 알렌과 함께 미 해군 함정 오마하(Omaha)에 몸을 싣고 부산항을 거쳐 일본 요코하마로 향한다. 일본 요코하마에서 미국 여객선으로 갈아타고 호놀룰루를 거쳐 샌프란시스코로 가는 긴 여행길이다. 미국 워싱턴에 조선 역사상 최초로 해외공사관을 개설하기 위한 여행이었다. 4년 전 민비의 조카 민영익이 보빙사로 미국을 방문한 후 두 번째 공식 사절단이었다.

　조선에 주둔하고 있던 주차조선총독 위안스카이는 조선의 이러한 독자 외교에

양화진, 천주교 절두산성

강력히 반발해 이미 9월 초에 떠나야 했던 외교단의 출발을 막아버렸다. 미국 정부의 항의로 위안스카이는 물러나긴 했지만, 이 출발을 허용하며 알렌도 모르는 굴욕적 조건이 붙어있었다.

청국이 제시한 조건은 첫째, 조선 공사는 주재국에 부임하면 먼저 청국공사관에 알려야 한다. 둘째, 모든 외교 모임에서는 반드시 청국 공사의 아래 자리에 앉아야 한다. 셋째, 중대 사안이 있을 경우, 먼저 청국 공사와 의논해야 한다는 것이었다. 국제사회에서 확실히 조선의 종주국이 청국임을 각인시키려는 것이었다.

알렌은 동행하며 쓴 일기에서 박정양 공사 일행에 관해 불만을 늘어놓는다. 주로 서양식 에티켓과 생활 교양의 부족에 관한 것이다. 알렌은 "이들 모두가 참을 수 없을 만큼 불결하며, 씻지 않은 몸에서 무시무시한 냄새와 담배 냄새가 독하게 난다"라고 불평했다.

"그들 방에는 오래 머물러 있을 수가 없다. 그런데 그들은 이것을 별로 대수롭지 않게 여기는 것 같다"라고 말한다. 박정양 공사만 해도 온건 개화파로 1881년 일본에 사절단으로 다녀온 경험이 있는 고위 관리였는데도 이런 평가를 받았다. 전반적인 조선인의 위생과 청결 수준이 당시의 글로벌 수준과는 현격한 격차가 있음을 말해준다. 알렌의 급한 성격상 표현상의 과장은 있을 수 있으나, 부끄럽지만 우리의 자화상이었다.

"조선 관리들은 10명이 일행이나, 일등석 티켓을 5장만 구매하고 모두가 일등석에 머물고 식사하려 했다. 그래서 나는 2장의 일등석 티켓을 더 구입했다. 기록화가인 강진희와 수행원 이상재는 하인에게 식사를 타오게 해서 객실에서 식사를 했다."

개화되는(civilized) 과정은 이토록 힘들고 어려웠다.

샌프란시스코의 팰리스호텔에 도착하여 엘리베이터를 이용할 때였다.

"그들은 엘리베이터가 움직이자 몸을 떨었고, 지진이라고 소리쳤다. 엘리베이터에 관해 설명했으나 그들은 그 뒤로 오로지 계단만 사용했다."

근대화의 길은 이토록 먼 길이었다.

워싱턴에 도착해서 알렌의 분노는 폭발했다. 박정양 공사 일행이 청국의 외교단 파견 조건을 알렌에게는 비밀로 했기 때문이었다. 미국 대통령에게 신임장을 제정하기 전날, 그들은 청국공사관을 먼저 방문하자고 했다. 알렌은 그러한 조건이라면 조선의 외교관직을 사임하겠다고 항의했다. 결국 청국 공사에게 사전 신고 없이 미국 대통령 클리블랜드(1885~1889년 22대, 1893~1897년 24대 대통령)를 만나기로 했다.

뉴욕 애비뉴호텔에서 집무하던 대통령 접견 시에 두 번째 문제가 생겼다. 박정양은 제복을 입은 미국 국왕(대통령을 국왕으로 오해) 앞에서 엎드려 절할 것으로 생각하고 있었다. 그러나 클리블랜드 대통령은 평민적이고 수수한 옷차림을 했기

한강 당산철교, 양화진과 영등포의 연결지

때문에 입장하는 대통령이 누구인지 알아보지 못했다. 그리고 당연히 해야 할 절이 허용되지 않아 당황하게 되었다. 박정양은 완전히 넋이 나가 말을 못 했고, 대화는 주제를 잃어 이야기는 요점에서 벗어나 있었다.

클리블랜드 대통령에게 신임장을 제출했지만, 박정양은 그 후로 계속하여 청국의 보복에 대한 불안으로 떨어야 했다. 조선에서 이런 사실을 알게 된 위안스카이는 박정양의 귀국과 처벌을 요구했다. 결국 위안스카이의 협박으로 박정양은 1888년 10월 조기 귀국했다. 미국에 도착한 지 9개월 만에 소환당한 것이다. 고종이 박정양을 보호하려 했지만, 위안스카이의 집요한 요구로 잠시 관직을 떠나야 했다.

박정양이 소환되자 이하영(1858~1929년)이 대리공사를 맡았다.

이하영은 부산 근처 일광에서 농민의 아들로 태어났다. 그는 부모와 함께 부산으로 이사한 후 1876년 일본인 상점에서 소사로 들어가 일어를 익혔다. 1885년에는 제중원(알렌이 원장) 서기로 들어가 알렌으로부터 영어를 배워 알렌의 추천으로 외아문(외무부)의 주사가 되었다. 1887년 박정양 일행이 미국으로 부임할 때 서기관으로 동행하며 그의 인생은 롤러코스터를 타게 된다.

박정양이 본국으로 소환되자, 1888년 나이 30세에 영어 회화 하나로 평민이 미국 공사서리로 출세하게 되었다. 이하영은 춤도 잘 춰 워싱턴 사교계에서 금발 머리 여인들의 인기까지 얻었다. 이하영은 1889년 6월 본국 귀국 명령을 받으며 대리공사 자리를 이완용에게 물려준다. 이하영은 주미 공사관 출신이 주축이 된 정동구락부의 멤버가 되었다. 1899년에는 일본 주재 공사로 부임하며 1904년 외부대신의 직위까지 오르게 된다.

을사늑약 직전 법부대신으로 을사 7적으로 불리기도 한다. 이승만 정권 시절 육군참모총장 이종찬은 일본 육사 출신으로 이하영의 손자이기도 하다. 조부와 손자 모두 친일반민족행위자로 분류되었다.

후일 최고의 매국노로 불리는 이완용도 박정양의 수행원으로 미국으로 향

양화진 외국인 선교사 묘원, 외국인의 영원한 고향

한다. 워싱턴공사관의 참찬관(참사관)으로 있다가 병을 이유로 1년이 못 되어 귀국했다. 다시 미국으로 가서 이하영의 자리를 물려받고 미국 공사로 2년간 근무 후 귀국하게 된다. 친미파에서 친러파, 독립협회 가담과 친일파로 전전하는 부평초 같은 그의 인생은 구한말 미국공사관 재직 경험이 무색한 오욕과 매국의 전형이었다.

얽히고 설킨 각양각색의 인물상들이 적자생존과 약육강식의 시대 논리로 조선의 스러지는 석양을 물들이고 있었다. 양화진에서 한강을 보며 희미한 130년 전을 돌아본다.

거대한 약탈 집단, 무너지는 조선

    종로구 명륜동 성균관대학에 자리 잡은 조선의 최고 교육기관 성균관을 보기로 한다. 관리 선발의 공정성과 효율성으로 지탱했던 양반 봉건국가 조선은 후기 들어 재정의 문란과 과거제가 무너져 내린다. 무능하고 부패한 지도층들이 국가를 어떻게 무너뜨리는가?

오백 년 연륜의 성균관 은행나무

성균관은 조선시대 관리 선발과 교육을 담당한 중앙 인사 교육기관이며 주자학의 대가들을 모시는 제사를 담당하는 문묘의 기능을 담당하고 있었다. 구한말 입국한 서양인들(외교관, 선교사, 기자, 전문 여행가)의 시각과 조선의 지식인들은 이 사태를 어떻게 파악하고 있었는지 살펴보고 싶었다.

최고의 관리 등용 제도라고 자부하던 과거시험도 조선 말기에 들어오며 돈으로 사고파는 부정한 시험제도로 전락하고 있었다. 초시 합격에 200냥, 회시(2차 시험)에 1만 냥이면 합격이 가능했으며, 의주 부윤 아들 남정식은 10만 냥을 내고 전시(3차 시험)에 수석 합격(장원급제)하였다고 야사는 기록하고 있다.

1884년부터 서울 주재 미국공사관 해군 무관으로 근무했던 해군 장교 포크(George C. Foulk)는 조선어를 말할 수 있는 최초의 미국인이었다. 서울 미국공사관에 근무하게 된 그는, 1884년 9월 하순부터 12월 초까지 경기와 남부 지방을 여행하며 관찰 일기를 쓴다.

이 여행에서 그가 관찰한 것은 조선왕조의 구제불능한 부패였다. "관리들은 백성을 쥐어 짜낸다. 정부는 거대한 강도가 되었다(The government has become a gigantic robber)." 그는 지방의 특산물을 중앙에 바치는 공물 제도가 "백성을 수탈하는 가장 큰 악(the greatest evil)"이며 지방관리의 광범위한 수탈과 착복을 목격했다.

미국 선교사 알렌의 기록은 더 구체적이다.

정권 실세 민영익은 1884년 12월 갑신정변에서 자상을 입고 중태에 빠졌다가 알렌의 시술로

성균관대학교는 성균관의 출발 1398년을 시원으로 하고 있다.

유학을 가리키던 명륜당, 성균관과 향교의 중심이었다.

회복한다. 그는 성의의 표시로 알렌에게 치료비 외에 현금 10만 냥을 주었다. 당시 서울 부자들의 현금 보유 금액이 평균 3천 냥임을 감량해 볼 때 30배 이상의 돈을 지급한 것이다. 1876년 과거에 급제하여 보직을 받은 지 불과 8년밖에 되지 않은 그가 얼마나 부정하게 돈을 모았을지 상상을 초월한다.

　민영익은 1885년 완쾌 후 즉시 관계에 복귀했다. 병조, 이조판서의 요직을 섭렵하며 인사권을 행사하여 매관매직으로 엄청난 재산을 축적했다. 1886년 들어 고종이 러시아와 비밀 협약을 추진하려 한다는 정보를 입수한 민영익은 청국의 주차조선총독 위안스카이에게 이 사실을 누설한다. 이 사실이 발각되자 처벌을

성균관 유생들의 기숙사

면하기 위해 1887년 8월 홍콩으로 망명한다. 민비의 조카이자 세자빈(순종)의 오라비인 민영익이 한 짓이 이따위 이적 행위성 국가기밀 누설이었다. 지도층의 부도덕성과 반국가적 행위가 만연한 것이다.

알렌은 위로차 홍콩의 민영익을 방문했다. 놀랍게도 그는 빅토리아호텔의 스위트 룸을 사용하며, 처첩과 비복을 거느리고 사치를 부리고 있었다. 알렌은 그가 개인적으로 착복한 재산은 물론 고종의 개인자금(내탕금)을 관리하고 있었는데 그 돈을 사용하고 있다고 비난했다.

1890년대 초 여의사 언더우드 부인은 민비의 배려로 목격하게 된 전국에서

공자의 위패를 모신 대성전

1,000여 명의 응시생들이 성균관에 모여 과거를 치르는 모습에 큰 흥미를 느꼈다. 초기에는 공정하면서 정직한 경쟁적 제도였는데 현재는 정실과 돈에 의해 합격이 좌우되는 것이라고 알게 되면서 이 제도가 "쓸모없고 쇠퇴한 구시대의 잔재로 타락했다"라고 비판했다.

　조선 후기에 들어서서는, 중앙 관직도 팔고 사며, 지방 관직 중 2/3가 돈으로 산 벼슬이었다. 한양의 고리대금업자(경강 상인)가 벼슬을 사는 돈을 대출해 주고, 현지에 쫓아내려가 이자와 돈을 회수하는 일까지 발생했다. 심지어 왕실 스스로도 관직을 팔아 재정과 정치자금을 충당한다고 보았다. 윤치호의 일기를 보면 "아버지 윤웅렬은 자리가 바뀔 때마다 고종에게 대가를 지불해야 하기 때문에 직책

변경을 매우 싫어했다"라고 적었다.

유길준도 1890년대 매관매직은 국가시책이며 "벼슬을 돈 주고 샀으니 본전 뽑고 이익까지 남겨야 하지 않겠는가!"라고 개탄한다.

녹두장군 전봉준은 1890년대 대표적 탐관오리 3인으로 민영준(민영휘), 민영환, 고영준을 지목하며 처단할 것을 주장했다.

살아있는 화석식물 은행나무는 유교의 전통과 역사였다.

서양인들은 대다수 조선 백성이 소수의 양반 벼슬아치와 지주로부터 약탈당하지 않기 위해 재산을 모으려 하지 않았고, 그저 굶주림을 면할 정도의 생활에 만족하고 있다고 보았다. 그 결과 조선의 봉건 제도는 집권층의 무능과 백성들의 게으름을 조장했고, 이것이 상공업 천시의 사회 풍조와 맞물려 조선을 세계에서 가장 빈곤한 나라로 빠지게 했다고 분석했다. 물론 박제가 같은 실학자는 "가난의 극복을 국정의 최고 순위에 두어야 하며, 상공업 발전"을 구체적 대책으로 제시하기도 했지만, 집권자에게는 공론에 불과했다.

외국인 중 대부분은 같은 동양 국가 일본의 근대화 성공과 비교하는 비판에 익숙했다. 낙후된 조선은 자활 자립의 길로 인도해 줄 문명국의 도움을 받아야 하는데 이런 나라로 미국과 일본을 꼽았으며, 묄렌도르프는 러시아를 선택했다. 그러나 미국은 불개입주의로 발을 뺐고, 러시아와 싸워 이긴 일본이 결국 조선을 식민지로 만들 것이라고 예견했다. 그 예견은 불행히도 20년 후에 적중하고 말았다.

05

제국의 야욕

:

윤웅렬 별장, 시련의 군사 엘리트

종로구 부암동 인왕산 북쪽 자락에 '반계 윤웅렬 별장'이라는 서울시 민속 문화재가 있다. 윤웅렬 별장을 찾아, 주인공 윤웅렬(1840~1911년)과 그의 아들 윤치호(1865~1945년) 그리고 그의 가계 전반을 추적하여 그들이 겪은 근대사를 살펴본다.

부암동 주민센터 입구에서 윤웅렬 별장을 찾아 인왕산 길로 접어들면 세련되고 우아한 한옥 건물을 만나게 된다. 7.4남북공동성명의 협상장으로 이용되었으며, 한 시대를 풍미했던 요정 오진암이 이전되며 무계원이란 이름으로 태어났다.

윤웅렬 별장 서울시 민속자료 12호

조선 말기 유명화가 이병직이 종로구 익선동에 건축한 전통 한옥이 도시 재개발에 밀려 2014년 장소를 옮겨 부암동 계곡 길에 문화재로 복원된 것이다.

더 안쪽으로 들어가면 세종의 셋째 아들 안평대군이 무예를 다듬고 시문을 하던 무계정사 터가 자리 잡고 있다. 안평은 세종의 아들 중 정치적 균형 감각이 으뜸이며 문무를 겸비

했다. 안평대군은 조카 단종에게 누를 끼치지 않기 위해 늘 자숙하며, 문예활동에 집중했다. 그는 당대의 화가 안견을 이곳으로 초청해 '무릉도원도'라는 역작을 탄생시켰다.

이 길의 끝 쪽 인왕산 자락에 반계 윤웅렬 별장이 위치한다. 부암동주민센터에서 서북쪽으로 200여 미터 근처 인왕산 자락에 위치한 '윤웅렬 별장'은 찾는 이가 별로 없는 한적한 곳이다. 한양도성 창의문–인왕산 북쪽 자락에 자리하며 전망과 산세가 서울에서 으뜸인 곳이고, 알고 보면 주변이 모두 대단한 역사적 사건들을 품고 있는 공간이다.

윤웅렬 별장은 서양식 붉은 벽돌 2층 건물이 먼저 건축되었으며, 소박한 한옥 건물이 그 후에 증축되었다. 문화재로 지정된 건물도 한옥이 아니라 벽돌 건물이었다. 구한말 서양식 건축양식을 상징하는 건물이란 것이 문화재로 지정된 사유였다.

서울시가 사유재산을 매입하여 관리한다고 되어있는데, 유감스럽게도 입구가 굳게 잠겨있고 내부를 볼 수 없으며 건물 관리가 매우 부실하였다.

원래 종로구 견지동 큰 한옥에 살던 윤웅렬 윤치호 부자는 이 유려한 장소에 어떻게 이런 호화스러운 별장을 지은 것일까? 구한말에 종로의 집을 두고 부암동에 별장을 신축할 만큼 그들은 부자였을까? 부패한 관리가 아니라면 자금 출처는 어디였을까?

윤웅렬의 부친이며 윤치호에게는 조부가 되는 윤취동 (1798~1863년)은 선조 때 영의정

안평대군의 흔적, 무계정사 길

이층 양옥과 단아한 한옥, 윤웅렬 별장

까지 역임한 해평(海平) 윤씨, 윤두수의 7대손이었다. 그의 선조도 관계 진출에
실패해 몰락한 양반으로 전락했다. 몰락 양반의 후손이지만 윤취동은 일반적 양
반들의 행태와 매우 달랐다.

　　윤취동은 근면하며 경제적 안목을 가지고 농업에 종사하는 실용적 인물이
었다. 경기 수원 근처에서 충남 아산 둔포로 이사한 후 일대의 농토와 재산을 축
적해 나가며 당대에 토지를 기반으로 지주가 된다. 양반의 후손이라 지방관리들
의 수탈로부터 피해 나갈 수 있었다. 후손들의 학문과 생계를 보장해 줄 경제적
번영을 이룬 것이다.

윤웅렬 별장의 정문

　윤웅렬은 이러한 가계에서 성장하였다. 안동 김씨 둘째 부인의 서자로 태어났
지만, 1856년 무과에 합격하고 충청도와 함경도에서 군인으로 근무하며 개화기
를 맞는다.

　그에게도 근대화된 세상을 경험할 기회가 왔다. 1880년 일본으로 파견되는 수
신사 김홍집의 군사 수행원으로 선발된 것이다. 그는 주로 일본의 근대식 군사제
도를 시찰했다. 신무기와 서양식 편제로 개혁된 일본 군제는 놀라움의 연속이
었다. 윤웅렬은 개화파와 견해를 같이하며, 강병 육성을 위해서는 일본군의 신식
무기와 군제를 도입해야 한다고 주장한다.

그의 개화된 사상은 서얼 태생이지만 영특한 아들 윤치호를 1년 뒤 1881년 어윤중이 이끈 일본 시찰단에 포함되게 하여 유학을 보낸다. 윤치호의 나이 불과 16세 되던 해였다. 윤치호는 유길준 유정수와 함께 우리나라 최초의 일본 유학생이 된 것이다.

고종은 수신사 김홍집의 건의에 따라 일본군의 군제를 도입하기 위해 일본군 교관을 초청하고 별기군(別技軍)이라는 신식 군대를 조직한다. 윤웅렬은 별기군 양성의 책임을 맡아 최선을 다하지만, 구식 군대의 반발을 불러와 1882년 임오군란의 정변이 발생한다.

폭동으로 진전되자 생명의 위협을 느낀 그는 일본공사관과 같이 행동했다. 일본 나가사키로 피신한 윤웅렬은 일본군이 함대와 병력을 동원해 다시 서울로 진주하면서 귀국했다.

이후 고종의 신뢰와 개화파의 지지로 함경북도 병마절도사의 책임을 맡는다. 그에게 부속된 부대는 북청군이란 500명의 신식 군대였다. 민 씨 척족의 부패와 청의 무도한 국정 개입에 반감을 가지고 자주독립을 염원하는 김옥균의 개화당과 의기투합하였다. 20대 초중반이던 젊은 개화파 세력과 비교해 볼 때 그는 많은 군사 경험과 관록을 가지고 있었고, 40대 중반으로 정세 판단이 정확하다고 볼 수 있는 인물이었다. 김옥균 박영효의 급진적이며 성급하고 과격한 행동에 반대하며 신중론을 전개한다.

김옥균 박영효의 반란 세력과 연합하여 그의 부대 500명을 거느리고 서울로 진군 예정이었으나, 준비 중에 고종의 회군 명령을 받아들여 쿠데타에서 중도에 발을 뺀다. 그가 북청군을 이끌고 서울에 입성했다면 갑신정변은 성공했을까, 아니면 많은 인명 피해를 내고 실패하고 말았을까? 그는 후자의 판단으로 선회한 것이다.

그러나 개화파의 내각 발표에서 삼일천하 정권의 형조판서에 임명되는 바람에 정변에 연루되었다는 수구파의 탄핵을 받게 된다. "너희 부자가 죄 없음을 알고 있으니 걱정하지 말라"라는 고종의 옹호에도 불구하고, 분노에 찬 민 씨 척족에

윤웅렬 별장, 담장의 품위

의해 1886년부터 1894년까지 전남 화순에 8년간 유폐된다.

1894년 갑오개혁이 실시되며 개화파 인사들이 복권된다. 윤웅렬도 1895년 경상 병마절도사로 복권되었으나, 일본의 간섭으로부터 고종을 보호하기 위한 춘생문 사건 등을 기획하고 실패한다. 다시 아들 윤치호와 같이 상하이로 망명하는 유랑의 세월을 보낸다.

대한제국기에는 군부, 법부대신과 육군 부장(참모총장) 등 군 요직을 역임하며 독립협회 운동을 지원하면서, 군사권을 일본에 빼앗긴 1907년 전역한다. 부암동 별장은 1905년 서울에 전염병 성홍열이 유행하자 이를 피하기 위해 인적이 닿지 않는 인왕산 북쪽에 집을 짓고 그 일가가 이곳으로 피난한 것이다.

별장 앞 북한산 절경

　근대화의 격랑 속에서 보수와 개화, 중간 지대에 위치한 두 사람이었다. 구한말 선각 지식인이 겪는 박해와 망명, 참여와 근대화, 독립운동과 친일파 낙인의 길을 밟으며 영욕을 겪었다.

　그의 집안은 식민지와 해방과 건국을 거치며 놀랍게도 번영에 성공했다. 형 윤웅렬로부터 개화파 윤치호가 출생하고 그 손자 윤영선은 대한민국의 농림부 장관으로 이승만 정권의 농지개혁 정책을 추진한다. 동생 윤영렬로부터 아들 윤치영(전 내무장관) 그리고 손자 중에 윤보선 전 대통령이 출생한다.

　윤영선, 윤보선 가문은 증조부의 봉건 토지 자본을 기반으로 근대 산업자본가로 발전하며, 현대의 정치 엘리트가 되는 매우 드문 사례를 만들었다.

윤치호 일기, 근대의 자유인

부암동 윤웅렬 별장에서 출발한 탐방은 윤웅렬, 윤치호 부자 가문의 내력과 배경을 추적하며, 조선 말기 지도층 부패와 양반 제도의 실상을 접하게 되었다. 오늘은 윤치호 같은 온건 개화파 인물들이 구한말 격동기에 어떻게 대처했으며, 친일(親日)의 길로 들어설 수밖에 없었는가를 찾아보기로 했다.

구한말 최고의 지성, 윤치호

윤웅렬의 아들 윤치호(1866~1945)는 지독한 기록광(狂)으로 '윤치호 일기'를 65년간 꼼꼼히 작성했다. 조선 최초의 일본 유학생이며 중국에서 수학했고, 미국 유학을 거친 구한말 최고 지식인이라 자타가 공인하는 인물이었다.

자기의 변화무쌍한 일상사와 구한말 겪은 대원군과 민비의 갈등, 임오군란, 갑신정변, 갑오개혁, 청일전쟁, 민비시해사건, 일제강점기의 경험까지 폭넓게 기록했다. 1880년대부터 기록을 시작하여 생을 다하는 1945년까지 약 65년을 기록했다. 1889년부터는 일기를 영문으로 써서 보관하며 우리 근대사의 중요한 역사자료를 남긴다.

윤치호는 아버지 윤웅렬의 선견으로 1881년 어윤중의 시찰단에 포함되어 일본에 잔류하면서 도진샤(同仁社)에 입학한다. 일본에 진출한 영·미인들과 교류하

윤치호의 부암동 별장

며 영어를 익혔고, 1883년 18세 되던 해 초대 주한 미국 공사 푸트의 통역으로 입국했다.

1884년 정변 당시에 그는 미국 공사를 수행하여 우정국 사건 쿠데타의 현장에 있었으나, 정변에 가담하지 않았고 오히려 거사에 반대했음이 드러난다. 그의 일기에서 "김옥균 무리의 경망스러운 행동은 나라 일을 실패케 하고, 민심을 흔들리게 했으며 개화의 동력을 완전히 소진시켰다. 이 얼마나 어리석고 도리에 어긋나는 짓인가"라고 개탄했다.

김옥균과의 친밀한 관계로 신변 위협을 받던 중, 방패막이인 미국 공사 푸트가 귀환하며 윤치호는 1885년 20세의 나이에 상하이로 탈출한다. 앞일을 예측한 부친 윤웅렬의 대비책이었다. 상하이에서 미국 남감리회가 운영하는 중서서원에서 3년 6개월간 수학하고 세례를 받아 조선 지식인으로는 최초의 개신교 교인이 되었다.

윤치호는 1888년 상하이를 떠나 미국 테네시주 내슈빌에서 미국 유학 생활을 시작해 벤더빌트 대학과 에모리 대학에서 신학과 인문과학을 전공했다. 그는 백인들의 인종적 편견과 차별을 겪으며 미국 혐오 성향을 가지게 되며, 1893년 상하이로 돌아와 모교인 중서서원에서 교편을 잡는다. 미국, 일본, 중국 유학을 거치면서 발전한 그의 근대 지성은, 조선 발전의 대안을 서양보다는 동양, 그중에서도 근대화에 성공한 일본에서 모색하게 된다.

갑오개혁 후 1895년 2월 윤치호는 망명 10년 만에 귀국했다. 개혁 정부에 참여한 그는 학부협판(차관)으로 임명되어 공직에 나섰다. 그해 10월에 일어난 일본에 의한 민비시해사건을 보고 윤치호는 "살인과 암살! 이것이 일본의 개혁과 문명의 꽃이란 말인가"라고 개탄하며 반일 노선으로 돌아선다.

개신교의 배타적 독선에 비판적 자세를 보였고, 유교에 대해서도 효와 가문 중심주의적 가치가 공익을 무시하며 이기적인 사익 추구에 머물게 한다고 비판했다. 진정한 자유주의자의 모습이라 볼 수 있다는 평가이다.

자유 지식인의 길은 사방이 벽이었다. 아관파천 후에는 러시아의 적극적 역할을 기대하나, 오히려 친러파로부터 견제를 받아 재야의 독립협회 운동으로 선회하게 된다. 이어 독립협회에 대한 탄압이 심해지면서 1899년 지방관직인 덕원(원산) 부윤에 임명된다. 이를 재야 거물급 인사인 윤치호의 변절이라고 보는 견해도 있으나, 을사보호조약이 체결되자 관직을 버리고 국권 회복 운동과 민권 신장, 근대화론, 애국가 작사 등으로 민족적 활동에 참여한다.

그의 유산과 재력은 넉넉했던지 민영익이 소유했던 절경의 취운정(감사원 앞)도 사들여 독립운동의 회합 장소로 제공하고 유학생들에게 장학금을 제공하기도 한다.

부암동 별장 한옥

　1911년에는 아버지 윤웅렬이 사망 후 남작 작위를 승계받았으나, 조작된 '데라우치 총독 살해 미수 사건(105인 사건)'의 주모자로 지목되어 고문과 3년의 옥고를 치르면서 작위를 상실하였다. 이 기간 본인 의사와는 관계없이 장남이라 작위를 승계받은 것인데, 친일 행위자로 분류되는 아쉬움이 있었다.

　일제강점기에는 YMCA 총무와 사립학교 교장 등으로 기독교 운동, 인재 양성과 민권운동에 종사한다. 1937년 중일전쟁을 도발한 일제는 조선 지식인의 대표인 그를 귀족원 의원에 임명하고, 국민총력운동에 참여시키는 등 서서히 친일적 활동에 연루된다.

　일제강점기에 중국이나 미국, 러시아 등 해외로 망명하지 않은 춘원 이광수,

육당 최남선처럼 대다수의 국내 잔류한 지도급 인사들은 이 문제에서 자유로울 수 없었다. 주도적으로 매국 행위에 가담한 매국노 이완용, 송병준 등 악질적 인사들과는 달리, 투옥과 체포의 위협 속에서 전개된 일제강점기 조선의 업보라고 볼 수밖에 없다.

이러한 친일 문제가 21세기까지 한반도에서 맹위를 떨치며 정치 사회적 논쟁이 되고 있음은 참으로 안타까운 일이다.

인왕산 윤웅렬 별장과 윤치호 일기는 개화와 친일의 깊은 잔영을 남기며 역사 순례자의 발길을 잡는다.

아소정-건청궁, 을미년 가을

서울 거리에서 조선 근대 역사를 탐방하며 혐오감이 올라 건너뛰고 싶은 시간과 공간이 몇 차례 있었다. 그 속에서 가장 치욕적이고 참담한 사건은 민비(민 왕비, 민 왕후, 명성황후로 불리나, 민 왕비의 약어인 민비로 통일해 호칭함)시해사건이었다.

그럼에도 불구하고, 이 사건의 진상을 알아야만 아관파천과 대한제국의 탄생,

민비의 거소 건청궁 입구

러일전쟁에서 망국의 역사 흐름을 들여다볼 수 있었다. 참담하지만 냉철히 돌아보고 반추하며 교훈을 얻어야 오욕의 역사가 반복되지 않을 것이란 생각이 들었다.

왜 일본은 조선 국왕이 아닌 왕비를 제거하려 했을까? 대원군이 주도했다는 일본의 주장은 사실인가? 민비를 살해한 자는 일본 낭인패인가, 일본 군인인

공덕동 서울디자인 고등학교 정문 옆 아소정 표지석

가? 경복궁의 방어는 왜 그리 쉽게 무너져 내렸는가? 일본의 은폐 조작은 어디까지 진행되었나? 어떻게 이 사건이 공개되어 국제적 비난과 규탄을 받았을까? 몇 가지 착안점을 대상으로 역사 현장과 기록을 살펴보기로 했다.

1차로 홍선대원군 이하응(1820~1898년)의 공덕리 별장 아소정(我笑亭)에서 일본 관헌들이 대원군을 시해 사건에 끌어들이는 과정을 더듬어 보기로 했다.

아소정은 대원군이 종로구 운현궁에 거주하다가 반역 사건에 연루되어 1894년 말부터 연금 상태로 관군의 감시 아래 지내던 고양군 공덕리의 아흔아홉 칸 별장이다. 현재 행정구역상 마포구

아소정 공원으로 명명된 공덕동 도심 소공원

신촌 봉원사로 이전된 아소정 일부 건물

염리동에 속하고, 공덕역 사거리에서 북쪽으로 500여 미터 걸어가면 동도중학교 (서울 디자인고등학교) 교문 입구에 그 기념비가 놓여있다.

그 앞 소공원을 아직도 아소정 공원이라 부르고 있다. 1898년 그가 죽은 후 이 곳 별장 뒤에 묘소를 썼고, 후일 이곳을 그를 지칭하는 국태공을 기념하여 국태공 원(國太公園)으로 불렀다. 그의 묘소는 남양주로 옮겨가 아흔아홉 칸 별장도 흔적 없이 사라지고, 기념비와 공원만이 남아 아소정이었음을 알려준다.

이곳에 있던 한옥 아소정 일부가 연세대 뒤의 신촌 봉원사로 옮겨져 보존되고 있음을 알고, 다시 봉원사를 방문해 건물을 확인한다. 눈에 번쩍 띄는 수려한 한 옥이 봉원사 염불당으로 쓰이고 있었다. 해설이나 기념석 한 점 없고 그 유래를 아는 사람도 찾을 수 없어 몹시 아쉬울 뿐이었다.

1895년 10월 3일(민비 시해 5일 전) 대원군과 평상시 연락하던 일본인 조선군부 고문 오카모토가 아소정을 방문하면서 대원군은 왕비 시해 사건에 깊숙이 빠져든다.

어떤 세력이 무엇 때문에 민비를 죽이려 했는가?

왕후 민비와 대원군의 갈등은 고종이 등극한 이래 30년간 이어진 피비린내 진동하는 권력투쟁이었다. 여기에 약소국 조선을 지배하려는 외세, 중국 일본 러시아의 패권 다툼이 어우러져 비극은 잉태되고 있었다.

시해 사건 1년 전, 1894년 동학 농민 봉기로 전주성이 피탈된 후, 외세의 개입은 청과 일본의 병력을 다시 끌어들이게 된다. 이 기회를 포착해 일본은 기습적으로 7월 24일 새벽 4시 경복궁을 습격해 고종을 함화당에서 포박했다.

폭거의 명분은 대원군을 내세워 조선을 개혁한다는 것이었다. 한 독립 국가의 개혁을 타국이 추진한다는 것부터 어불성설이다. 그래서 일본은 민비의 정적 대원군을 끌어들인다. 권력욕과 민비에 대한 복수심에서, 회유당한 대원군은 거사 당일 오오토리 일본 공사와 함께 입궐해 정권을 접수하고 김홍집을 수반으로 하는 1차 김홍집 친일 내각을 세운다.

민비는 정치활동 개입 금지 처분이 내려진다. 갑오개혁으로 일컬어지는 각종 개혁 조치가 시행된다. 1884년 정변으로 해외로 도피했던 개화파 인사들과 유배 조치된 인사들이 10년만에 복권되었다. 집권한 대원군은 한술 더 떠, 민비 폐위를 시도하고 개혁 조치에 협조를 거부하며 일본과 대립한다. 일본은 걸림돌이 되는 대원군의 사퇴를 강요하며 집권 4개월 만에 은퇴시킨다.

대원군은 왜 이 부도덕한 사건에 개입하였을까?

조선 말기를 대표하는 최고의 정치가 대원군은 한때 중국의 이홍장, 일본의 이토 히로부미와 함께 동양의 삼 영웅으로 지칭되는 인물이었다. 일본은 1년 전 1894년, 대원군을 끌어들여 경복궁을 점거하고 개혁의 명분으로 정권교체를 한

복원된 건청궁, 시해 사건의 현장이다.

경험이 있었다. 그는 집권욕과 보복에 사로잡혀 일본의 허수아비로 이용만 당하다가 토사구팽 된 것이다.

그리고 이런 사례가 1년 후 똑같은 방식으로 민비시해사건에서 반복되며 전개된 것이다. 대원군을 다시 내세워 내란으로 몰아간다. 일본의 개입이 은폐되고 국제적인 비난과 책임을 면할 수 있다는 간교한 술책이었다. 제국주의 일본 외교의 전형적인 행태였다.

왜 민비를 노린 것일까?

이듬해 1895년 일본은 청일전쟁에 승리하여 조선에 대한 우월권 확보와 중국 요동 반도를 손에 넣는듯했다. 그러나 러시아가 주도한 삼국간섭이 발생하며 일본은 요동 반도를 포기해야만 했다. 때마침 고종과 민비는 이러한 국제정세의 요동을 틈타, 친러정책으로 궁지에서 벗어나려 친일 내각을 해체하고 친러 친미파로 내각을 개편한다.

허를 찔린 일본은 당황하며 친러 전략의 배후 인물로 왕비 민비를 지목하고 민비의 제거만이 조선을 일본의 지배하에 두는 지름길이라는 결론에 도달한다. 러시아에 대해서는 와신상담 속에 십 년을 기다려, 1904년 러일전쟁으로 원수를 갚는다.

민비 제거는 누가 결정했을까?

일국의 국모이자 실력자인 왕비 살해를 일개 조선 주재 공사나 낭인패, 일본 군인이나 경찰들이 결정할 수 있을까? 삼국간섭으로 위신이 땅에 떨어진 일본은 조선에 대한 영향력마저 불안정해지자 결정적 방도를 모색한다.

조선 공사인 이노우에는 조슈(야마구치 현)번에서 어린 시절부터 절친한 총리 이토 히로부미에게 건의하여, 외무상 긴모치, 아리카타 육군상과 대본영의 수뇌가 모여 강제적 해결에 합의했다. 이것은 1년 전 결행했던 경복궁 습격의 복사판이며, 당시에도 일본 정부의 결정으로 결행되었고 다만 그 대상이 왕후로 변경된 것일 뿐이다.

이 은밀한 계략을 꾸미기 위해 일본은 을미년(1895년) 9월 1일 이노우에 공사를 육군 중장 출신 극우파 미우라 고로(三浦)로 교체한다. 외교 문외한 미우라는 9월 21일 부임하자마자 조선 왕후 시해 작전 '여우사냥' 실행계획에 들어간다. 이 과정을 날짜별로 보면 일본 정부와 군의 개입이 확실하게 드러난다.

D-7, 10월 1일 미우라는 낭인 출신 일본계 한성신보 사장 아다치를 공사관으로 불러 조선에 거주하는 낭인 동원을 협의한다.

D-5, 10월 3일 군부 고문 오카모토는 미우라의 지시로 이임 인사를 빙자하여 공덕리 아소정에 유폐된 대원군과 두 차례 비밀 접촉을 시작했다.

D-4일, 10월 4일 미우라는 일본 외교관 스기무라와 군사고문 오카모토를 보

경복궁에서 바라본 광화문

내 대원군을 부추겨 민비 제거에 합의했다. 미우라 공사는 조선 정부의 의심을 없애기 위해 접촉자인 오카모토를 인천으로 위장 출국시키는 치밀한 연출극을 벌인다.

대원군은 민비에 대한 증오심과 집권욕으로 1년 전 경복궁 기습사건에 이어 두 번째로 일본 술책에 말려드는 중대한 과오를 범하게 된다. 대원군을 앞세워 입궐하며, 조선 훈련대를 동원해 조선인 쿠데타로 위장하고, 전위대로는 일인 낭인 패거리를 앞세우고, 엄호 및 전투 주력으로는 일본군 경성수비대가 담당한다. 대원군 호위대로는 영사관 소속의 일본 순사를 동원하는 계획이다.

D-2일, 10월 6일 미우라 공사는 공사관에서 일본군 경성수비대 대대장 우마야하라 소좌(소령)에게 조선군 훈련대와 함께 대원군을 호위해 경복궁에 입궐하는 계획을 하달한다. 일본군 경성수비대는 정규군으로 일본 대본영의 작전명령만을 수행하는 직할부대로 이 부대가 동원된 것이다. 대본영의 지시로 공사 미우라의 지휘를 따르라는 일본 군부가 개입된 증거라 할 수 있다.

D-1일, 10월 7일 오전 8시 광화문 경성수비대 대대본부에서 군사 비밀 대책 회의가 소집되었고, 오후 4시 미우라 공사는 작전에 참가하는 경성수비대장, 영사관 일본 경찰 경부, 낭인대장(한성신보 사장 아다치)을 소집해 민비를 살해하는 행동 지침을 최종 점검 하달했다.

그날 밤 경복궁에서는 민씨 척족 민영준의 궁내부대신 내정 축하연이 내일의 폭풍을 모르는 채 태평스럽게 벌어지고 있었다. 같은 시간 서울 남산자락 진고개 파성관에서 일본 낭인패들과 한성신보 기자들이 거사를 결의하며 결의주를 들고 있었다.

일본에 포섭된 훈련대 2대대장 우범선은 야간 훈련을 한다며 조선군 훈련대를 실탄 휴대시켜 출동시킨다.

D day, 새벽 3시 일본 순사와 일본 낭인들(장사패) 30여 명이 대원군을 공덕리 별장에서 호위하고 경복궁으로 출발하였다. 서대문을 지나며 중간에 우범선의 조선군 훈련대가 합류하고, 일본군 경성수비대가 집결하여 5시 30분 광화문을 향해 진격했다. 동녘에서 해가 떠오르고 있었다. 대원군의 나이 75세, 노욕이 하늘과 땅을 뒤덮었다.

민비, 카리스마와 굴레

민비의 친정인 감고당. 현재 덕성여중 교정

민비의 참담한 최후를 회고하기 전에 그 리더십과 행태를 다시 한번 돌아보기 위해 안국동 감고당 길을 찾아 나섰다. 민비가 왕비로 간택되는 16세까지 살던 곳이다.

민비에게 내려진 두 가지 극단적 평가, 카리스마(여걸)와 망국의 여인 속에서, 어느 길로 가야 하는지 고뇌하며 걸어본다.

영국의 세계적 여행작가 이사벨라 비숍(1832~1904년) 여사가 63세 되던 해인 1895년 1월에 방한한다. 비숍은 4회나 한국과 중국을 방문하여 『한국과 이웃 나라들(Korea and Her Neighbors)』를 펴내 유럽에 한국을 소개한, 뛰어난 통찰력으로 평가받는 왕실 지리학자이자 역사가였다. 민비의 주치의 언더우드 여사와 동행하여 왕비를 알현하고 와인을 곁들인 서양식 식사를 대접받는다. 비숍 여사는 "민비는 냉철하고 예리한 눈매에 훌륭한 지식의 소유자였다. 그녀는 명석하고 야심적이며 책략에도 능할 뿐 아니라 사교적이었다."라고 기술하고 있다.

정독도서관으로 통하는 감고당 길

갑신정변 전에 당대의 개화파 김옥균과 홍영식, 유길준이 합동하여 고종의 주재로 왕비와 개화에 관한 토론을 한 적이 있었다. 조목조목 경전을 들어가며 따지며 들어오는 예리한 그녀의 질문에 개화파 3인은 대꾸도 못 하고 머리를 긁적거리고 나왔다. "우리 3인의 지혜로도 왕비를 대적할 수 없었다."라고 회한에 젖었다. 유길준의 회고록에 나오는 이야기이다.

민비의 명석함과 정치력, 지적 능력, 사교성과 대화의 기술까지 많은 사람들의 호평이 있다. 그녀를 직접 만나본 서양 여성과 외국 공사들, 심지어 그녀를 제거하는 일본 공사 이노우에, 미우라 사이에서도 그 평가는 대단하다.

그녀의 카리스마와 지적 원천은 어디에서 유래할까?

감고당 터 인현왕후의 집터

민비는 숙종의 비인 인현왕후를 배출한 여흥 민씨 직계 민치록의 딸로 여주에서 출생한다. 아버지를 8세에 여의고 서울 안국동, 인현왕후가 살던 감고당(현재 덕성여중 교정)으로 상경했다. 외척의 발호를 경계한 대원군에 의해 몰락한 명문가의 딸이나 부모 없이 미천하다는 이유로 16세에 왕비로 간택된다. 민비는 궁궐에서 지아비 고종의 사랑도 못 받고, 시아버지 대원군의 냉대하에서 숨도 못 쉬는 왕실 초창기를 보냈다. 홀로 고적한 밤을 지새우며, 사서삼경을 탐독하고 통치술에 관한 자치통감을 열독하며 거의 5년을 수학하였다.

1873년 성인이 된 고종과 정치적 동반자가 된 그녀는 대왕대비 조대비의 양해하에 반 대원군 세력을 절묘하게 포섭하는 책략으로 대원군을 몰아낸다. 이어지는 대원군 세력과의 25년 권력투쟁, 목숨을 건 정치판에서 반복되는 외세의 개입, 혁명과 정변 속에서 오뚝이처럼 생존한 그녀였다. 그 역정은 마키아벨리가 군주론에서 말하는 '목표 달성을 위해 수단 방법을 가리지 않는 이상적 군주'와 동일한 선상에 있다 해도 과언은 아니다.

고종과는 정치적 공동체였으며 그녀가 전략과 정책을 제시하고 고종은 따라가는 관계였다. 여걸 민비라는 표현은 과한 것이 아니었다. 그러나 그녀에게는 지도자로서는 흠결이 되는 몇 가지 치명적 결함이 있었다

민비는 4남 1녀를 출산했지만 모두 요절하고, 순종 하나만 살아남는 고통을 겪

국왕의 정전, 경복궁 근정전

으며 운명적으로 미신에 집착한다. 전국 명산과 사찰에 상궁을 보내 치성 들이는 데 엄청난 재물을 바쳐 궁궐의 내탕금(왕실 자금)이 바닥이 날 정도였다.

1882년 임오군란 이후 생사의 위협을 겪으며, 미신과 기복에 더욱 깊이 빠져든다. 군란을 피해 장호원에 피신했을 때, 한 무당이 찾아와 점을 치며 궁궐 복귀 날짜를 말하는데 이 날짜가 우연히도 맞아떨어진다. 민비는 이 무당을 창덕궁에 데려와 진령군이라는 직책까지 주고 창덕궁 북쪽에 관왕묘라는 전각을 제공한다. 민비의 신임이 깊어지자 전국의 청탁자들이 무당에게 줄을 서 금품을 바치고, 벼슬자리를 얻어 가는 웃지 못할 사태가 벌어진다.

아관파천 후 친러파의 거두가 된 이범진은 병인박해 때 포도대장으로 악명을 떨친 이경하의 서자였다. 한량으로 이름난 자인데, 진령군에 청탁하여 궁중에 출입하며 관직을 얻고 출세하게 된다. 김해 출신 이유인이라는 자는 진령군의 정인으로 인사 청탁하여 양

냥은 무게의 단위에서 유래한 명칭으로 개항 (1876년) 이전부터 화폐단위로 사용되었다. 1냥은 100문文, 즉 엽전 100장이다.

Originating as a measure of weight, "nyang" was used as a currency unit

한국은행 본관 화폐박물관의 해설

주 목사 자리를 차지한다. 공직 기강 문란이 극에 달했다.

이 여파는 고종에게까지 미쳐 궁궐에서는 가무 연극과 판소리 굿판이 밤늦게까지 벌어지고, 다음날 정무는 오후에 시작하여 관리들은 기강이 해이하고 게으름이 만연했다. 예술을 즐기는 정도가 아니라 정무를 팽개치는 수준이었고, 서양 외교관들은 매우 의아해했다.

가장 중요한 문제는 정권과 가문을 유지하기 위해 여흥 민씨 친인척을 대거 등용하고, 그들과 함께 상납, 매관매직, 착취의 거대한 부패 고리에 빠져든 것이다. 국고는 바닥나고 민생이 파탄되며 민심의 이반에도 눈 감아 버린 것이다.

민비의 낭비벽은 더욱 충격적이었다. 1889년 궁중 시의였던 선교사 호턴 (Lillias Horton)이 동료 선교사 언더우드와 결혼식을 올리게 되었다. 깊은 신뢰를 보내던 두 사람의 결혼식에 민비는 각종 결혼 선물과 축의금을 조랑말 수 필에 실어 보냈다. 호턴의 일기에 나오는 언급이다.

"왕비가 보내준 축의금은 1백만 냥으로 상상할 수도 없는 많은 돈이었다. 나는 아라비안나이트에 나오는 공주가 된 기분이었다."

조선 화폐 1백만 냥을 환산해 보면, 당시 쌀 1가마(80kg 10말)의 가격은 심한 인플레를 감안하더라도 10냥이었다. 쌀 10만 가마(현재 쌀 80kg 18만 원 환산 시 180억 원)에 해당하는 축의금을 보냈다니 믿기지 않을 뿐만 아니라, 기록이 잘못된 것

동전 100닢이 1냥이다.

이 아닐까 하는 의구심이 솟구친다. 1884년 우정국 사건으로 중상을 입은 민비의 조카 민영익이 생명을 구해준 의사 알렌에게 10만 냥(18억 원 추산)을 주어 깜짝 놀랐다는 알렌의 기록으로 보건대 이 기록은 오류가 없을 것이다.

세계에서 가장 가난한 국가, 조선의 왕비가 서양인의 결혼식에 지출한 축의금은 그 100분의 1인 1만 냥(쌀 1,000가마, 환산 시 1억 8천만 원)이었다 해도 과도한 것이다. 이것이 사실이라면 민비와 민 씨 척족들의 의식구조는 허례허식 정도가 아니라 경제에 대한 근본적 인식이 결여한 미숙아 수준이 아닐까 의심된다. 계산법이 틀렸거나, 서양인들의 기록이 잘못되었으면 하는 바람이 간절하다. 그 많은 결혼 축하금을 군사력을 보강하고 백성의 가난과 기아를 구제하는 데 썼더라면, 그 후에 발생하는 동학 농민 봉기도 예방할 수 있었을 것이다. 망국의 여인으로 평가되는 한 요인이다.

냉정한 카리스마의 여걸, 망국의 여인으로 극단적 평가를 받는 한 여인을 제거하기 위해, 을미년 10월 8일 검은 새벽, 외세는 대원군을 앞세워 광화문으로 다가오고 있었다.

비운의 건청궁, 민비 재조명

  답사는 민비가 시해되는 그날의(1895년 10월 8일) 최초 공격 장소인 광화문에서 시해 현장인 건청궁까지의 전개 과정을 정밀하게 돌아보기로 했다.
  코로나의 공포도 완연히 사라지고, 경복궁 구석구석에 곱게 한복을 차려입은 내외국인 관광객이 넘치고 있었다. 이렇듯 평화로우며 기품있는 조선의 5백 년

근정전의 입구 근정문. 고궁의 상업시대가 열렸다.

고궁이 120여 년 전 일본군에 의한 조선 왕비의 무자비한 살해 현장이었음을 기억하는 방문자는 몇이나 될까!

　조선왕조 최고의 법궁 경복궁, 그곳은 10만여 평의 광활한 대지 속에 외곽이 모두 높은 궁궐 벽으로 둘러싸인 요새와도 같은 곳이었다. 궁궐은 울창한 숲과 아름다운 정원, 그림 같은 큰 연못이 두 곳이나 조성된 작은 도시였다. 최근 수많은 전각이 복원되고 복잡한 시설로 인해 한두 번의 발길로는 도저히 다 알 수 없는 신비의 공간이었다. 빠른 걸음으로 걸어도 정문 광화문에서 왕의 침소인 건청궁까지는 약 30분이 소요되는 거리였다. 당시 일본 측도 치밀한 사전 답사와 계획이 없이는 접근조차 어려웠을 장소였다.

　D-Day 10월 8일 새벽 5시, 영사관의 오마와 경부(경감)의 지휘하에 순사들

인왕산이 조망되는 아름다운 경복궁

헤르만 산더가 촬영한 구한말 경복궁 광화문(국립민속박물관)

그리고 낭인패(장사패)들이 공덕리 아소정을 출발, 가마에 탄 대원군을 호위하며 움직였다. 서대문에서 만난 우범선의 조선군 훈련대 1개 대대가 선두에 서고, 일본군 경성수비대 1개 대대는 후미에 배치됐다. 일본 군대는 일본공사관 육군무관 구스노세 중좌(중령)의 지휘하에, 대원군 입궐을 명목으로 경복궁 정문 광화문으로 들이닥쳤다.

평온한 서울의 새벽을 총성이 흔들었다. 광화문 앞으로 달려 나온 시위대장(왕실 경호대장) 홍계훈 등 40여 명 시위대원의 저지를 받았다. 후미의 일본군 경성수비대 병사들과 총격전이 벌어지며, 시위대장 홍계훈이 사살되자 곧 시위대 병

력은 도주해버렸다. 일본
군은 준비한 긴 사다리를
광화문 옆벽에 붙이고 담
을 타고 들어가, 광화문
을 안에서 부숴버리고 활
짝 열었다. 현장에서 본
광화문은 높고 우람하고
견고하며 아름다웠다.
5m 이상의 높이와 석조
담장으로 연결되는 견고
한 방어시설이지만, 전

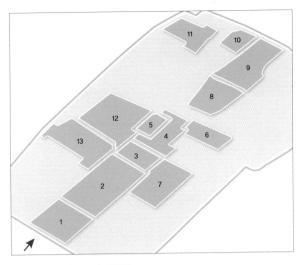

경복궁 전각지도. 1번 광화문

투다운 전투 한번 못하고 뚫려버린 것이다.

경복궁은 많은 전각과 차단문이 구역마다 복잡하게 들이찬 미로의 궁궐이다.
일본군이 정면으로 공격하여 흥례문 근정문 강녕전 등으로 치고 들어갔다면 오랜
시간이 지체하여 고종과 왕후는 도피할 충분한 시간을 벌었을 것이다.

일본군은 중문인 흥례문을 피해 경회루 옆으로 우회하여 국왕의 거처인 건청
궁의 지름길로 쳐들어갔다. 치밀하고 정확한 정보와 작전계획이 일본군 안에 있
었다. 낭인 패거리 정도로는 감히 엄두도 못 낼 작전이었다.

새벽 궁궐에는 군화발 소리와 총과 칼만이 번득이며 정적이 몰아치고 있었다.
일본 군사들은 건청궁 대문을 부수고 고종의 침전(숙소)인 곤령각에 난입하여 고
종과 왕세자에게 폭행과 수모를 가했다. 이어서 일본군 복장의 장교와 낭인패 수
명이 바로 옆방 왕비의 침소인 옥호루에 난입했다.

일본 내부 보고에 의하면 일본군 경성수비대 소속 미야모토 소위와 낭인 패가
선두에 섰다. 그들은 마루에서 막아서는 궁내부대신 이경직을 칼로 베고 총으로
사살했다.

건청궁 내 고종의 침소 곤령합, 2번째 침입지

　이어서 침소 안에서 여인들의 비명 소리가 울려 퍼지며, 1차로 일본군 장교(미야모토 소위), 2차로 낭인 나카무라에 의해 3~4명의 궁녀와 기품 있는 한 여인이 칼에 맞아 쓰러졌다. 평온하게 밤을 지내던 45세의 총명한 왕비가 무장한 일본군인과 폭도에 의해 무참히 쓰러진 것이다.

　다른 보고서는 공사관 와타나베 순사가 살해했다는 설과 심지어 또 다른 낭인 데라자키는 자기가 해냈다는 자랑을 하고 다녔다는 설이 있을 정도로 혼란스러웠던 상황이었다.

　아수라장 속에 폭도들은 왕세자와 궁녀를 끌고 와 피살자 중의 한 명이 왕비임을 확인시키고, 그 시신을 홑이불에 싸서 인근 녹원 솔밭에서 석유 불에 태워버

왕비의 침소 옥호루 시해 현장

렸다. 날뛰던 낭인패가 혼란 속에서 죽은 사체에 대해 능욕을 가했다는 설도 유포
되었다.

일본에 포섭된 훈련대 2대대장 우범선(1867~1903년)에 의해 시신의 타고 남은
재는 건청궁 앞 향원정 연못에 버려졌고, 유해 일부는 우범선의 지시로 부하 윤석
우가 인멸을 위해 솔밭 땅에 묻어 버렸다.

이런 참상을 현장에서 목숨을 걸고 생생히 목격한 외국인이 있었다. 궁궐에서
숙직하던 궁궐 시위대 미국인 군사고문 윌리엄 다이(Dye) 장군과 러시아 기술자
사바틴이 그들이다. 일본군은 외교 문제로 비화될까 두려워 서양인은 죽이지 않
았다. 이들에 의해 미국공사관과 러시아공사관에 진상이 조사 보고되며 전 세계

시신을 불태운 녹원 솔밭

는 일본의 잔학한 만행을 알게 된다.

　D day 아침, 해가 떠오르자 고종은 새벽의 사태와 민비의 끔찍한 죽음에 충격을 받아 정신이 혼미하여 흐느끼고 있었다. 궐 한편에 대기하던 대원군은 소란이 가라앉자 일본 순사 낭인패와 함께 건청궁으로 나타났다. 고종을 알현하며, "주상의 눈을 가리는 간신배가 있어 바로잡은 것이니 국정에 전념하시라."라고 말했다.

　09시경 사태의 주범 일본 공사 미우라도 현장에 나타나 '내각에게 왕권을 전면 위임하며, 대원군의 장남 이재면을 궁내부대신에 임명'하는 문서에 서명을 강요한다. 미국, 러시아 공사들과 각국 외교관 미국 선교사들이 새벽 총소리를 듣고

시신의 재가 버려진 향원정, 망각의 호수

궁궐로 달려와서 광화문에서 일본군이 퇴각하는 상황을 지켜보았다.

각료들은 궁궐에 사변이 발생했다는 소식을 듣고, 이완용, 이하영 등 친미파는 미국공사관으로, 이범진 등 친러파는 러시아공사관으로 피신하였다. 내각은 극구 사양하던 온건 중도파 김홍집을 총리에, 각료는 유길준, 정병하 같은 친일적인 인물로 개편되었다.

고종은 공포로 인해 잠들 수 없었고, 궁궐에 유폐되어 죄수나 다름 없었다

고종의 부탁으로 미국 선교사들이 매일 밤마다 두 사람씩 궁궐에 가서 7주간이나 임금의 곁을 지켜야 했다.

D+2일 일본 공사 미우라는 고종에게 '왕후 폐위조칙'을 내려 죽은 민비를 서인

(庶人)으로 폐할 것을 강요하여 고종은 이
에 따랐다. 아마도 이것은 대원군의 구상
이었을 것이다. 그러나 왕세자와 각국 외
교관들의 항의로 다음 날 취소하고 후비
로 강등하는 소동을 벌인다. 일본은 '대원
군이 주동이 된 내란이며 왕비 살해는 조
선군의 범행'이라고 사건을 은폐 호도하
려 하나, 일본군이 범행한 증거와 목격자
가 드러나 미국, 러시아 등 국제사회의
강력한 비난과 항의에 직면했다.

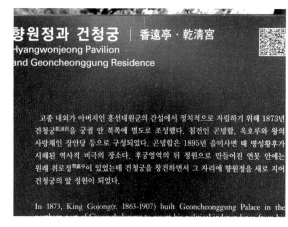

건청궁의 조성과 향원정의 유래

  D+6일 10월 14일 사태의 심각성에 놀란 일본에서는 조사관을 급파하여 진상
을 조사하고, 관련 민간인(낭인) 48명의 귀국 조치 명령이 외무성으로부터 내려
온다.

  같은 날 민비의 잔영을 속히 지우기 위해 일본 공사 미우라는 대원군과 협의해
고종에게 새로운 왕후를 뽑도록 '간택령'을 강요한다. 왕비가 죽은 지 채 1주일도
지나지 않아 재혼을 강요하는 비윤리적 방책을 강구할 만큼 저들에게 민비는 공
포의 존재였다.

  안동 김씨 가문의 처녀인 정화당 김 씨가 뽑혔지만, 아관파천으로 그녀는 입궁
을 못하고 수절하고 살다가, 1917년에야 47세의 나이로 덕수궁에 입궐할 수 있
었다.

  D+9일 10월 17일 일본 정부는 국제여론에 밀려 미우라 공사를 해임하고 외무
성 정무국장 고무라 주타로를 후임 일본 공사에 임명한다. 이어 미우라를 귀국시
켜 히로시마 형무소에 수감 후 형식적인 조사에 들어간다. 조선 측 가담자로 의심
받는 군부대신 조희연, 경무사 권형진, 훈련대 대대장 우범선, 이두황 등이 일본
으로 도주한다.

시대의 고통을 간직한, 아름다운 향원정

　　D+49 11월 27일 민비는 왕비에 복위되며 전국적으로 유림의 항일 의병 활동
이 시작되고 친일 내각을 규탄하는 시위가 벌어진다. 왕비의 억울한 죽음은 백성
의 동정과 함께 항일운동의 상징으로 그녀를 부각하게 된다.

　　분노한 김구는 1896년 2월 황해도 안악에서 일본군 장교를 맨손으로 처단하
고, 고영근은 우범선을 1903년 일본에서 살해하며, 안중근은 10년 뒤 1908년 하
얼빈에서 일본 정부의 책임을 물어 이토 히로부미를 암살한다.

　　D+50일 11월 28일 새벽 친러파와 친미파 인사들이 협력하여 유폐된 고종을
미국공사관으로 피신시키려다 실패한 친위 쿠데타 춘생문 사건이 발생했다. 고종

은 일본군에게 둘러싸인 궁궐에서 "나를 구출하라"라는 비밀 교지를 내렸지만, 쿠데타군은 친위대 대대장 이진호의 배신으로 춘생문을 돌파하지 못하고 실패했다. 거사 주동자들은 미국 러시아공사관과 미국 선교사의 집으로 다시 피신했다.

12월 11일 김홍집 내각은 왕비 시해 사실과 국상을 공표한다. 5년 뒤(1900년) 남산에는 순직한 시위대장 홍계훈과 궁내부대신 이경직 애국열사를 위한 추모단이 만들어져 장충단(獎忠壇)이라 부르게 된다.

국제여론과 조선의 동향을 살피던 일본 정부는 조선에서 조선인 관련자 3명을 색출하여 재판에서 처형한 것을 인용하며, 대원군이 부추긴 조선군의 내란에 민간인 일본 낭인들이 가담한 행위라고 선동하기 시작했다.

1896년 1월 14일 히로시마 군법회의에서 미야모토 소위를 비롯한 장교들은 증거불충분 무죄로 석방 후 군대에 복귀한다. 현장을 총지휘한 구스노세 중좌(중령)는 그 후 승승장구하여 육군성 장관까지 승진한다. 일주일 후 미우라 공사도 증거불충분 면소판결로 석방되며 극우파의 환호 속에 금의환향한다.

이후 일본은 재판 결과를 인용하며 "일본군은 조선 왕비학살에 관련된 명백한 증거가 없으며 책임도 없다"고 주장한다. 한일간에 문제가 생기면 준비된 시나리오처럼 반복된 일본의 책임 없다는 주장이다. 당시 조선의 진상조사나 재판은 일본의 압력 아래에서 일본 관련 조사는 진행할 수 없었으며, 일본 측 또한 정부 책임을 면하기 위해 낭인패의 가담 정도로 축소하는 진상 왜곡과 증거 날조 행위를 저지른 것이다.

해방 후 최근까지 한일 역사학자들에 의해 조선의 사료, 일본 측 기록, 재판 서류, 러시아, 미국 등 외무성의 진상 보고서 등이 입수되면서 일본 정부의 명백한 개입 정황이 드러나기 시작했다.

일본 공권력의 개입에 의한 참담한 죽음이 밝혀지고, 1995년 민비 시해 100주년을 계기로 극작가들이 만든 뮤지컬 '명성황후'가 성공리에 상연되면서 민비에 대한 대중들의 평가는 실로 다양해지고 있다. 이러한 영향을 받아 일부에서는 민비를 항일 구국의 여인으로 미화하고 있지만, 주류 역사학계는 억울한 죽음과 그 역사적 평가는 냉정하게 분리해서 보는 경향이다.

공덕리(염리동) 아소정에서 건청궁까지 답사는 심정적으로 힘들고 어려웠다. 복잡하고 미묘한 문제에 부닥쳐 정지 신호가 들어올 때마다 다시 도서관과 박물관으로 찾아 들어갔다. 정리를 하고 돌아서지만 아쉬움이 많이 남는다. 건청궁 앞뜰에 피어있는 해당화는 비명에 간 민비의 넋을 달래듯 정적 속에 활짝 피어 있었다.

하늘에서 편안히 지내소서! 비운의 왕비여!

참혹한 죽음을 애도하는 듯, 건청궁에 핀 해당화

단발(斷髮)의 수령, 민중의 분노

　1895년 11월 15일 경복궁 강녕전에서는 고종 임금의 상투를 자르는 특별한 행사가 벌어진다. 상투를 자르는 임금이나 가위를 든 각료 모두가 불안과 회한에 얼굴이 잔뜩 긴장해 있었다. 반발에 대비하여 일본 군대와 동원된 대포가 궁궐의 담을 엄중하게 수비하고 있었다. 수천 명의 일본군이 동원된 가운데 시행된 웃지

강녕전, 임금의 일상 공간

못할 개혁 조치, 임금의 단발이었다.

정부의 정책이 옳고 바른 방향일지라도 시기를 잘못 선택하거나, 국민 동의를 못 받으면 엄청난 저항에 직면해 역사의 진보를 후퇴시킬 수 있다. 1894년 갑오 개혁 정책 중 반동적 흐름으로 역사를 거슬러 올라간 사례를 보면 그 대표적인 것이 단발령(斷髮令)이다.

자칫하면 역사의 해프닝으로 넘길 수도 있으나, 대중의 반발과 저항이 너무도 처절해 모두가 꼭 기억할 필요가 있었기에 그 상황을 추적해 보기로 했다.

그해 9월 일본이 개입된 왕비 시해 사건으로 전국의 민심이 뒤숭숭했다. 무엇인가 큰 사건이 터지기를 바라는 울분이 민중 속에 타오르고 있었다. 2개월 뒤 김홍집 개혁 정부는 역법을 음력에서 양력으로 바꾸며, 성인 남자의 상투를 강제로

교태전, 왕비의 침전

자르는 단발령이란 조치를 사전 예고도 없이 꺼낸다. 일본의 강력한 권유가 있었다.

　내부대신 유길준은 "단발은 위생에 이롭고, 활동하기 편하다"라며 상투를 자르는 시책을 고종에게 강권한다. 민비시해사건으로 시름에 잠겨 경황없던 고종은 모범을 보인다며 반강제로 수락한다. 농상공부 대신 정병하가 당일 임금의 상투를 자르고, 유길준은 태자(순종)의 상투를 잘랐다. 우유부단한 고종은 후일 항변한다.

　"보시오! 저들이 우리를 모두 중으로 만들어 놓았소."

　학부대신 이도재는 반대하며 내각에서 사퇴하는 충정을 보였다.

　고위 관료, 군인, 경찰에게 단발령을 발동한다. "삭발하지 않는 자는 전부 죽이겠다."라고 엄포를 내린다. 1896년 1월 1일부터는 일반 백성에 대해 단발령을 내린다.

　순검(경찰)을 동원해 단발을 강제하니, 머리를 깎지 않으려는 젊은이들이 거리와 골목마다 통곡하며 저항한다. 서울 사대문에 순검이 입회하며 시골 선비와 왕래하는 상인들의 상투를 강제로 삭발했다. 단발을 당한 백성들은 순검에 의해 잘린 상투를 보전한다며 집으로 가져가 소중히 보관했다.

　조선인에게 "두발은 부모의 유산으로 효(孝)의 시작이며 신체의 일부였다."

　유림의 거두 최익현을 설득하기 위해 유길준이 포천으로 내려가 단발을 강요했다. "내 목은 자를지언정, 내 머리카락은 자를 수는 없다"라며 최익현이 반발해 실패했다. 최익현을 필두로 보수 유생들이 들고일어났다. 전국이 펄펄 끓어오르는 형국이 되었다.

　아들이 단발하자 아버지가 자결하고, 남편이 단발하자 아내가 자결했다. 함양 정여창의 후손 정순철의 처, 창녕 조씨 부인은 남편이 조부에게 단발의 허락을 요청하자 그럴 수는 없다며 식칼로 자기 목을 찔러 자결했다. 함안 조씨 가문의 김씨 부인은 남편이 상투를 자르고 집에 들어오자 "난신적자의 아내로 더 이상 살

경회루, 궁중 연회와 외국 사신 접대 장소

수 없다"라는 유서를 남기고 열여섯 나이에 자결했다. 보은 현감 이규백의 부인 창녕 성씨가 '남편에게 단발을 거부하고 귀향할 것을 요구했다'가 거절당하자 유서를 남기고 자살했다.

　선교사 언더우드의 부인은 "통곡과 비탄에 전국이 짓밟혔다"라고 말한다.

　내부대신 유길준은 "세계 만국이 삭발하고 있다. 일본은 물론 청나라마저 삭발하고 있다"라며 강행한다. 상인들은 서울 나들이를 중단했다. 쌀과 보리 채소 식료품 가격이 폭등하고 외국에서 수입하는 공산품의 거래가 끊겨 외국 무역상들도 들고일어났다.

강녕전. 근심 걱정 없이 안녕함. 정도전 작명

    독일 공사는 외무대신 김윤식에게 통상에 방해가 되니 단발령의 중지를 요구했다. 정책의 파급효과를 전혀 고려하지 못한 것이다.

    배재학당에 재학 중인 이승만도 삭발했는데 그의 어머니는 놀라서 통곡을 했다. 청년 김구도 평양에서 단발령을 듣고 분노했다. 반면 한성사범학교 90명 젊은 학생들을 비롯한 단발 찬성론도 극소수가 있었다.

    단발령의 특수가 있었다. 기혼자에게는 단발령의 예외를 인정하자 결혼 잔치가 늘었다. 이발관이 번창하고 모자 양복 시계의 수입이 대폭 늘었다.

    단발령은 대 일본 적개심과 조선인의 모욕감을 자극하여 의병투쟁으로 확산한다. 조선인들이 서양과 기독교를 비난하자 외국 공사들은 단발령에 집단 항의했다.

　일본은 이를 부추겨 반정부투쟁을 유발해 일본군을 증파하려 했다는 주장도 있다. 경제적 침투를 강화해 구두, 모자, 양복 등 일본 상품의 판로를 확대하려는 의도가 있었다는 분석이다. 친일 내각의 개혁 강박증이 가시적 성과에 급급하여, 짧은 머리를 개혁의 상징으로 추진하려 한 것이다.

　전국적인 반발과 의병투쟁으로 김홍집 내각은 개혁의 동력을 상실하고 좌초하며 고종은 혼란을 틈타 러시아공사관으로 피신했다. 총리대신 김홍집은 고종의 명으로 체포당해 처참하게 살해되고, 임금의 머리를 깎은 정병하도 노상에서 살해당했다. 유길준은 일본으로 도주했다. 임금의 머리를 깎은 죄일까, 아니면 친러파의 보복일까?

　친러 내각에 의해 단발령은 철회되고, 각 개인의 자유의사에 맡겨졌다. 보수적인 민중을 고려하지 못한 서투른 개혁 조치는 극렬한 저항으로 취약한 조선을 나락으로 몰아넣었다.

　아! 보수의 나라 조선! 근대화의 등불은 가물가물 그 빛을 잃어가고 있었다.

06

구한말, 남과 여

정동의 여인, 손탁의 꿈

거리의 보도엔 눈이 쌓이고, 짧은 해가 도심을 비추는 어느 날, 정동 이화여고 후문 이화백주년기념관 앞 낡은 표지석 앞에 섰다. '손탁호텔 터'라는 글이 눈길을 사로잡는다. 쌓여있는 눈처럼 머릿속에는 한 서양 여인의 파란만장한 삶에 관한 커다란 호기심이 일었다.

손탁이라는 여인은 구한말에 왜 조선으로 와서 어떻게 고종과 신뢰를 구축했

이화백주년기념관 앞 손탁호텔 터

는가? 청일의 극한 대립 속에서 친미 친러의 정치세력을 연결하며 무엇을 얻고자 했는가? 손탁호텔을 경영하며 고종의 비밀외교 활동을 실제로 지원했는가? 그리고 그녀는 어떻게 역사의 뒤안길로 사라졌을까?

1884년 중국 톈진, 러시아공사관에 전보가 날라왔다. "공사 웨베르는 조선으로 부임하여 조선과의 수교에 임하라." 침통한 표정의 톈진 주재 러시아 공사 웨베르, 그 옆에서 젊은 여성이 공사 부인과 함께 귀를 기울이며 조용한 나라 조선을 그리고 있었다. 신비한 동양 문화에 매료된 그녀는 막 깨어난 조선으로 입국을 앞두고 가슴이 부풀어 올랐다. "이제는 조선말을 배워야지! 조선은 나에게 행운을 줄 미지의 땅이야!"

다음 해 가을, 조선의 수도 한양에 파란 눈 30세 묘령의 서양 여인이 출현한다.

조선에는 '미스 손탁'으로 알려진 프랑스계 독일 여인 앙트와네트 손탁(Antoinette Sontag 1854~1925)이다. 그녀는 프랑스령 알자스-로렌에서 프랑스인으로 태어났다. 1870년 보불 전쟁에서 프랑스가 패전 후 프러시아의 영토로 병합되며 독일인이 되는 혼란을 겪었다. 학력이나 가계 등에 관해 정확히 알려진 것은 없으나, 그녀는 모국어인 불어와 독일어, 러시아어는 물론 영어가 유창해 어학에 특출한 자질을 갖춘 인물로 알려져 있다.

그녀는 서양요리에도 일가견이 있으며, 실내건축과 디자인에 전문적 기량을 가진 만능의 인텔리 여성이었다. 이런 점으로 볼 때 정통 교육을 수료한 프랑스 명가의 전통을 받은 여성이라고 볼 수 있다. 그녀는 여동생의 남편뻘인 러시아 외교관 웨베르의 추천으로 톈진 주재 러시아공사관의 일원으로 동양 외교의 세계에 입문했다.

언어의 귀재인 그녀는 조선 입국을 앞두고 조선말을 누구보다 열심히 배웠다. 조선의 왕비가 매우 총명한 여인으로 실권이 있다는 외교가의 정보도 들었다. 정동의 공사관 거리(legation street)에서 각국 외교관과 의사소통이 되며, 귀여운 풍모와 사교성이 뛰어난 매너는 1880년대 후반 조선 외교가에서는 그야말로 센

세이셔널한 존재였다. 판단해 보면, 그녀는 공사관의 행정 직원으로서 웨베르 러시아 공사의 지시를 받는 대외협력 창구 겸 정보원이었다.

1884년 러시아의 한반도 출현은 조선 외교가에 마치 호랑이가 나타난 듯 긴장감을 조성했다. 중국(청)과 일본이 군대를 주둔시키며 각축하던 한반도에서 이 두 나라를 견제할 수 있는 대륙국 러시아가 막강한 국력을 배경으로 출현한 것이다. 조선 정부 내부에서도 이웃한 러시아의 힘을 활용해 중 일 양국의 압박을 탈피하고자 하는 친러시아 성향이 강해진다. 청이 파견한 외교 고문관 묄렌도르프란 인물도 같은 견해였다. 이것은 고종과 민비의 바램과도 일치하는 것이었다.

러시아 공사 웨베르는 야심 많은 외교관이었다. 조선의 실권자는 왕비 민비임을 알고 공사관 요원 미스 손탁을 민비에게 소개한다. 조선어에 능통한 미스 손탁은 경복궁을 드나들며 단번에 민비와 고종의 총애를 차지한다. 궁중의 요리와 실

1900년대 초반의 러시아공사관

내장식 서양음악 회화 대외 문제에까지 손탁의 자문을 구한다. 심지어 조선 왕실은 그녀를 대외협력 자문관리(외인접대계)로 위촉한다. 조선 정부가 친러적 성향으로 바뀌는 데에는 손탁의 공로가 매우 컸다. 그 공로로 웨베르는 12년간을 조선에서 공사로 근무하며 특별한 위상을 구축했다. 미스 손탁은 러시아만을 위한 정보원에 불과했을까?

미스 손탁은 25년 동안(1885년~1909년) 정동에 거주하며 조선이 강대국에 의해 무너져 내리는 서글픈 모습을 가장 가까이에서 목격했다. 작은 궁전인 러시아공사관에서 경복궁을 오가던 1894년의 기억이 생생하다. 청일전쟁의 기미가 보이자, 조선 총독 행세를 하던 위안스카이가 탈출해 중국으로 도망갔다. 전쟁에서 일본이 승리하고 조선 정부를 압박하여 친일 정부를 구성한다. 대륙의 상황은 러시아의 관여로 일본이 주춤하면서(삼국간섭) 조선에도 약간의 숨통이 틔었다. 고종과 민비가 강력히 반발한다. 이노우에 일본 공사가 교체되었다.

1895년 가을 일본은 비정하게 반격한다. 육군 중장 출신 미우라를 공사로 보내 대륙 낭인(사무라이 출신 불량배), 공사관 직원, 일본군과 친일 조선인으로 경복궁을 습격한다. 반일의 진앙, 왕비를 살해하고 불태워버리는 폭거를 자행한다. 민비의 시아버지 흥선대원군이 일본군과 함께 광화문으로 진입하는 과정도 알게 된다. 이후 고종의 독살설 퇴위설로 왕의 생명마저 위협한다. 왕비의 비참한 죽음에 가장 분노한 사람은 막역한 미스 손탁과 구미 각국의 외교관들이었다.

고종의 길 표지판

1896년 2월 11일 고종은 러시아공사관으로 피신한다. 조선에서는 아관파천이라 했다. 1897년 2월 25일까지 1년여를 머물며 미스 손탁의 극진한 도움을 받게 된다. 공사관은 100여 명의 러시아 해군 병력이 대포를 장전하고 수비하고 있었다. 러시아 공사 웨베르, 미국 공사 실(Sill)의 후원하에 조선 정부의 친미 친러 세력들인 이완용 민영환 서재필 등이 참여하는 정동구락부라는 단체를 결성한다. 이들은 고종이 하사한 손탁의 집(정동 16번지, 현 하남 호텔 부지)에서 회합하며, 미스 손탁은 주도면밀하게 모임을 지원하는 활동에 적극 참여한다.

여론의 질타와 구미 각국 공사들의 도움으로 고종은 러시아 공사관과 가까운 경운궁(현 덕수궁)으로 복귀한다. 현대사는 이 길을 고종의 길이라 명명하고 있다. 대한 제국을 선포하고 근대국가를 향한 발걸음을 내딛지만, 이미 일본의 힘은 한반도를 압도하고 대륙을 삼킬 태세였다. 1897년 러시아 공사 웨베르도 12년간의 장기간 임기를 마치고 떠나야 했고, 미국 공사 실(Sill)도 한국을 떠난다. 손탁의 후원 세력 한 축이 무너진 것이다.

손탁호텔, 사라진 제국이여!

　　미스 손탁은 새로운 변화가 필요했다. 후원자인 공사 웨베르가 사라진 조선을 떠날 것인가, 남을 것인가? 벌써 그녀는 50세의 중년이 되었다. 억울하게 죽은 명성황후와 고립무원의 고종이 떠오른다. 결국 러시아공사관을 떠나 조선에 남아 호텔을 경영하기로 결심한다.

　　그녀의 원대한 꿈인 코리안 드림을 실현하고, 조선의 독립을 측면에서 도울 수

정동 거리 손탁호텔, 서울 최고의 호텔

손탁호텔 터, 이화여고 후문

있는 길이었다. 그녀는 저축한 돈과 후원으로 1902년 정동 29번지(현 이화여고 100주년 기념관 자리)에 25개의 객실을 갖춘 최신식 2층 벽돌 건물 '손탁호텔'을 오픈한다. 구 러시아공사관 정문 맞은편이다. 집념의 여인이다.

왕실 초청 인사만 투숙할 수 있는 2층 객실과 1층에는 자신의 숙소도 옮겼다. 손탁호텔은 경인선의 종착역인 서대문역(경성역)과 근접해 국빈급들이 최고로 선호하는 호텔이었다.

조선에서 호텔의 원조는 외국인이 처음 머무는 개항지 인천이었다. 1884년에 일본인 호리가 경영하는 대불호텔이 있었으며, 커피도 서양 선교사나 외교관들 사이에 이미 퍼져있었다.

1904년 11월에는 이토 히로부미가 특사로 방문해 손탁호텔에 투숙한다. 조선

손탁과 조선의 관리들

의 고위 관리들을 호텔로 불러 겁박하며 을사보호조약을 체결하는 비운의 장소다. 미스 손탁의 한국 친구들, 정동구락부의 회원들도 운명이 엇갈린다. 이완용은 친일파로 변신하고, 민영환은 자결로 지조를 지켰다.

　1905년 이후 외교권을 차례로 침탈당하자 각국 공사관은 떠나기 시작했다. 고종은 국내외 여론과 언론만이 유일한 무기였다. 대한매일신보 발행인 영국인 베델이 항일 기사와 일본 침략을 비판하며 국제여론을 환기한다. 신문사는 일본 통감부의 압력으로 재정난에 처해 폐업의 위기에 봉착한다. 고종은 매달 손탁에게 자신의 비자금을 전달하며 베델의 활동을 비밀리에 지원한다. 베델은 손탁호텔 커피숍의 단골이었다.

　미국인 선교사 헐버트를 밀사로 보내 미 대통령 앞으로 전하는 고종의 편지와 활동 자금도 전달한다. 그러나 루스벨트 대통령은 동양에서 일본의 패권을 인정하고 필리핀의 우선권을 인정받는 미국의 이익을 취했다. 미스 손탁이 위험을 무릅쓰고 고종의 밀지를 전달한 것이다. 비밀 유지나 자금의 전달에 추호의 차질도 없었다. 미스 손탁은 부패한 고위 관리나 교활한 외교관들과 달리, 정숙하며 공정하고 올곧은 여인으로 추문이 일절 없었다.

1905년 러일전쟁에서 전 세계의 예상을 깨고 러시아가 패배한다. 조선은 일본의 독차지가 되었다. 일본의 감시 눈길도 점점 가까이 파고든다. 미스 손탁은 이제 조선을 떠나야 할 시기가 왔음을 직감한다. 1909년 손탁호텔을 불란서인 호텔업자 보에르에게 양도하고 25년 정동 생활을 청산한다.

그녀가 조선에서 모은 적지 않은 자금은 러시아 은행과 러시아 사업에 투자했으나, 레닌의 공산당이 들어서며 국유화되고 휴지가 된다. 독일로 귀국한 후 프랑스 휴양지 칸에서 거주하다가 러시아에서 1925년 71세의 영원한 미스로 조용히 숨을 거둔다.

그녀의 꿈을 이룬 대한제국도 일본에 멸망하고, 그녀가 의지한 러시아제국도 사회주의 혁명으로 사라져 버렸다. 아 사라진 제국이여!

아관파천, 집념의 엄 상궁

　아관파천(俄館播遷)이라는 한자어는 매우 낯선 용어지만, 우리가 구한말 역사를 접하면 반드시 넘어야 할 험한 언덕 같은 단어이다. 아관(俄館)은 덕수궁 뒤 언덕 뒤로 보이는 하얀 망루 같은 이국적인 양식의 구 러시아공사관이다. 역사 사전은 아관파천을 '1896년 2월 11일부터 1897년 2월 20일까지 고종과 세자가 러시

러시아공사관 정문 가는 길

아공사관으로 옮겨서 거처한 사건'이라 정의한다.

기이한 일이다. 부끄러운 사건이었다. 망국의 길은 이런 것일까?

일국의 국왕인 고종은 내 나라 궁궐을 버리고 왜 러시아공사관으로 옮겨가게 되었는가? 누가 이런 사건을 기획하였는가? 궁궐의 감시는 어떻게 피해 나갔는가? 그 결과는 어찌 되었는가? 몇 가지 소박한 의문점을 가지고 다시 경복궁을 찾았다.

탈출 가마가 출발하는 건청궁에서 삼엄한 경비망의 영추문을 빠져나가 경복궁역(옛 금천교)까지 걸어본다. 가마는 여기서 서울경찰청사 옆의 내수사 앞에서 직진하여 신문로로 빠져들어 간다. 새문안(신문로)언덕 정동4거리에서 좌측으로 돌면 정동길이다. 정동길을 내려가며 이화여고 100주년기념관 앞에서 바로 맞은편 쪽으로 구 러시아공사관 정문이 있었다.

1896년 2월11일 경복궁, 자정 무렵 칠흑 같은 어둠은 긴장 속에 다가왔다. 건청궁에서 국왕과 세자가 여인의 복색으로 변장하고 정적 속에 가마에 올라탔다. 호위 군인도 한 명 없이 오직 가마꾼 네 명만이 궁녀들이 타는 가마를 들고 움직였다. 1차 관문인 영추문을 어떻게 빠져나갈 것인가?

4개월 전, 대원군을 앞세운 일본군이 경복궁을 침탈하고 왕비가 무참하게 살해되는 사건이 발생했다. 그 이후 고종은 마치 죄수와 같은 생활을 궁 안에서 이어갔다. 내각은 고무라 일본 공사와 대원군이 조각한 명단으로 채워졌고, 고종은 죽음의 공포 속에서 일거수일투족 감시당하며 통제받았다. 오죽하면 서양 선교사들이 권총을 차고 왕의 침실을 지키는 상황이 전개되었을까? 중간에 미국공사관으로 탈출하려는 춘생문 계획도 실패하며 불안과 공포로 고종은 잠들 수 없었다.

불행 중 다행이랄까, 고종은 민비의 시위 상궁이었다가 쫓겨난 엄 상궁 (1854~1911년)을 민비 시해 5일 만에 다시 불러들여 측근에 두고 보필하게 하였다. 엄 상궁은 중인 엄진삼의 여식으로 다섯 살에 궁에 들어와 궁궐 생활 25여 년으로 궁중 예법과 절차에 정통하였다. 총명하고 영리하여 고종의 사랑도 받았으나 민비의 질투로 1885년 궁 밖으로 쫓겨났었던 난세의 여인이었다. 민비시해사건 후 러시아 공사관에 도피한 친러파 이범진은 비밀리에 사람을 보내 엄 상궁과 연결하며 서면으로 왕의 러시아공사관 대피를 제안했다. '국왕의 신변 안전을 도모하고 러시아의 보호 속에 일본의 간섭을 물리치자'라는 내용이었다.

조선 26대 왕 고종

일본에 머리 숙이고 복종하면서 왕위를 지키고 목숨을 이어 나가는 안이한 굴종을 할 것인가? 아니면 위험한 도박으로 러시아공사관으로 피신하여 새로운 세력 균형을 도모할 것인가? 공포 속에 나날을 지내던 고종이 마침내 피신에 동의했다.

을미사변 후 내각은 경복궁 출입 조치를 엄격하게 통제한다. 이범진은 엄 상궁에게 은전 4만 냥(현시가 약 2억 원 추정)의 거사 자금을 보내서 경비 세력 포섭과 탈출을 준비시켰다. 발각되면 고종은 물론 관련자 모두는 목숨을 잃을 수 있는 위험천만한 계획이었다.

궁녀라 할지라도 가마의 주렴(발)을 걷어 올리고 안을 꼼꼼히 확인한 후에 통과하는 실정이었다. 엄 상궁의 경복궁 탈출 계획은 주도면밀하게 전개된다. 신임하는 궁녀 이 상궁을 어머니를 만나러 간다는 핑계로 가마를 타고 야간에 출입시키며, 영추문을 통과하기를 여러 차례 반복한다. 수비병에게는 수시로 금전을 제공

하며 이 상궁의 가마는 경계가
완화되고 수색에서 예외가 된다.

　민비 시해 이후 국정은 혼란
스럽고 불안정하였다. 김홍집 내
각은 상투를 자르는 단발령을 시
행하여 전국을 들끓게 하였다.
국모 시해로 격앙된 보수세력은
단발령에 반대하며 총궐기하며
의병투쟁이라는 무력투쟁까지
일어난다. 의병투쟁을 진압하기
위해 궁궐의 시위대와 일본군이

가마. 네 사람이 메는 사인교

출동하며 궁궐의 감시가 느슨해지는 기회가 왔다.

　이범진이 러시아 공사 웨베르에게 고종의 뜻을 전달하고 후임 공사 스페예르
에게 신변 보호 요청서를 보냈다. 러시아 공사는 본국에 긴급전문으로 군대와 전
함 파견을 요청하며 러시아 군함 2척이 인천에 입항하고 러시아공사관에 해군
100명을 배치한다.

　1896년 2월 11일 자정 무렵, 고종은 이 상궁의 가마에 타고 세자와 함께 옥새
를 가지고 지옥 같은 영추문을 무사히 빠져나간다. 금천교(내자동 로터리)를 통과
해 내수사(내수동 서울경찰청 후문 부근)에서 가마를 바꿔타고 신문로로 향한다. 새
문안고개에서 이범진이 영접하며 정동길을 거쳐 러시아공사관에 도착해 웨베르
공사의 환영을 받는다. 2월 11일 오전 이 소식이 알려지자 수천 명이 국왕 만세
를 연호하며 러시아공사관에 몰려들었다. 동시에 한반도에서 러시아의 주도권이
확보된 것이다.

　러시아는 멕시코 대사로 내정된 웨베르를 유임시켜 대책을 강구했고, 궁궐에
서는 대비와 세자빈도 경운궁(덕수궁)으로 거처를 옮겼다. 임금이 부재한 경복궁

수정전. 구 집현전 자리 갑오개혁 후 내각의 청사

에서 대원군은 다시 공덕리 아소정으로 돌아가며 허무하게 권좌에서 물러났다.

이 성공 가능성이 희박한 도박에 엄 상궁은 왜 목숨을 걸고 가담했을까?

고종에 대한 맹목적 충성이었을까? 은화 4만 냥이란 재물 때문이었을까?

민비가 시해된 후 일주일 만에 왕비 간택령이 내려지고 새로운 왕비 후보 안동 김씨 여인이 선택되었다. 그러나 고종이 미국공사관으로 탈출하려는 춘생문 사건이 실패하며 새 왕비 후보는 입궁을 미루고 있던 것이다. 새 왕비가 오면 엄 상궁은 필연적으로 쫓겨 나가는 신세임을 알고 있었다. 여인의 본능으로 고종의 사랑을 차지하기 위해 새 왕비가 입궁하기 전에 이 일에 생사를 건 것이라는 분석이

서울 구 러시아공사관 3층 전망탑과 계단(문화재청)

옳을 것이다. 엄 상궁의 의도대로 러시아공사관 피신 중에 아이를 임신하고 마지막 황태자 영친왕이 태어난 것이다. 엄 상궁은 엄 귀인으로 이어서, 엄 귀비, 황귀비(사실상의 왕비)로 신분이 수직 상승한다.

나중에 고종의 계비가 된 엄 상궁(엄비)

친일 세력에 대한 응징 조치가 내려졌다. 이날 밤 김홍집 총리대신 이하 전 내각을 파면과 동시에 경무사(경찰청)에 체포령을 발령한다. 총리대신 김홍집, 농상공부대신 정병하는 경복궁 내 집무실 수정전에서 현장 체포되어 서린동의 경무청(광화문 우체국 앞)으로 이송된다. 내부대신 유길준, 군부대신 조희연, 법부대신 장박, 경무사 안영진은 연행 도중에 탈출하여 일본군 경성수비대 병영(삼군부 터)으로 피신했다 일본으로 도피한다.

고종은 검거 보고를 받고, 죄인의 목을 베라는 지시를 내린다. 경무사의 순사 여러 명이 김홍집 총리대신과 정병하 농상공대신을 이송된 현장에서 참혹하게 칼로 살해한다. 이어 죄인들의 시체를 종로 거리에 내걸라고 지시하여, 이튿날 행인들이 사방에서 칼로 찌르고 돌을 던지는 등 잔혹한 행위가 연출되었다. 고종의 지시라기보다는 친러파의 정치적 보복 사주였었다. 총리대신에 대한 참혹한 보복행위가 전 세계에 타전되어 조선은 또다시 야만 국가로 추락하였다.

위기마다 총리대신을 역임한 김홍집은 상당히 긍정적인 평가를 받는 온건개화파 정치가였다. 줏대 없는 인물로 보기도 하나 황현, 박은식, 정인보 등 역사가들은 그 봉공 정신을 높이 평가하고 있다. 국가 위급 시에 수완을 발휘하는 살신성인의 투철한 정치가, 김홍집은 일본군 병영으로 피할 수 있었으나 "일국의 총리가 동족의 손에 죽는 것은 천명이야"라며 죽음을 무릅쓰고 의연히 경무청으로 들어가 죽음을 직면했다.

피의 보복으로 시작된 국왕의 궁색한 러시아공사관 피난 생활은 그 후 1년여 계속되며 국정은 이범진, 이완용 등 친러파가 주도한다.

미국에서 돌아온 개화파 서재필이 러시아공사관에서 고종을 알현하며, "폐하께서는 궁궐로 돌아가셔야 합니다. 조선은 폐하의 나라요 백성도 폐하의 백성입니다. 폐하께서는 이 모든 것을 버리셨습니다. 만약 여기에 계속 머무신다면 모든 백성이 폐하를 비웃을 것입니다" 라고 간언한다. 망명 정객이자 조선인 최초 미국 국적자이며 미국 박사인 서재필의 일갈로 고종의 얼굴은 심하게 어두워졌다.

망국의 불나방, 요화 배정자

우리는 대면하기 싫은 인물을 역사의 무대에서 만날 때가 있다. 대의명분은 사라지고 오로지 자신의 영달과 사적 이익을 위해 분별없는 이적행위로 국가와 민족에 큰 상처를 준 자들이다. 근대사의 이완용, 송병준, 배정자 같은 적극적 반민족행위자들이다.

경복궁 광화문과 인왕산 전경

우리는 정동 거리 손탁호텔 옛 터에서 배정자라는 인물을 부득이 만나야 했다. 배정자가 이 호텔을 자주 방문했기 때문이다. 그녀는 왜 손탁호텔을 드나들었을까?

1905년 11월 9일, 총리대신을 4회나 연임한 거물 이토 히로부미(伊藤博文)가 특명전권대사로 조선을 방문한다. 러일전쟁의 승리를 기반으로 삼아, 조선을 보호국으로 하여 외교권을 완전히 박탈하는 조약을 강요하기 위한 목적이었다.

1905년 완공된 경부선 철도를 타고 남대문역(현재의 서울역)에 내려 마차를 타고 숙소인 손탁호텔로 향한다. 2층 귀빈실에 짐을 풀고 잠시 쉬는 사이 한 여인이 호텔을 방문한다. 그 여인의 일본 이름은 다야마 사다코(田山貞子, 1870~1952)로 조선 이름은 배정자였다.

사다코는 이토의 품에 안겨 해후를 만끽한다. 이들의 포옹은 여느 부녀간의 포옹이라기보다는 격정에 휘말린 연인의 포옹이었다.

이토 히로부미의 양녀로 알려졌지만 실은 조선인 애인이기도 했다. 이토의 호색은 이미 일본 정계에서 자타가 공인하는 사실이었다.

일주일 뒤 이토는 정부 대신들을 손탁호텔로 불러 협정을 강요하는 협박을 한다. 이완용을 위시한 을사오적은 겁박에 눌려 조건부 동의를 한다. 그들은 박제순(외부대신), 이지용(내부대신), 이근택(군부대신), 이완용(학부대신), 권중현(농상부대신)으로서, 조선을 왜적에게 팔아먹은 매국노(賣國奴)라 하여 역사상 '을사오적신(乙巳五賊臣)'이라 칭한다.

배정자는 원래 경남 김해 출생으로 밀양부 하급 관리인 아버지 배지홍이 민 씨 일파에 의해 역모에 가담한 혐의로 처형되고 오갈 데 없었다. 그녀의 가련한 인생은 기생으로 편입되고, 양산 통도사에 맡겨지기도 하나 다시 절을 떠난다. 아버지의 지인 밀양 부사 정병하의 선처로 알게 된 일본인 무역상 마쓰오와 함께 일본으로 입국해, 1885년 도쿄의 소쓰나 여자 중학에서 수학하며 인생 대역전을 맞는다.

이곳에서 조선 망명객 안경수를 통해 김옥균과 접하면서 김옥균의 소개로 1887년에는 총리대신인 이토 히로부미의 양녀로 관계를 맺는다. 이토의 수양딸이라고 하지만 일본 사회에서는 이토의 숨겨둔 정부이었다는 것이 정설이었다. 수려한 외모와 일본어 실력으로 그녀는 일본 정부의 비밀 요원 교육을 받게 된다. 조선에서 버려진 역적의 자식은 이렇게 해서 일본인으로 다시 태어난다. 그런 그녀에게 조선의 혼을 기대하는 것은 너무나 큰 착각일 수 있다.

1894년 동학혁명이 발발하던 해, 하야시 일본 공사의 통역으로 귀국하여 공사의 소개로 민비와 고종을 접하게 된다. 해외 정보에 메말라 하던 민비와 고종에게는 조선의 엘리트 신여성으로 등장한 것이다. 서양식 파마로 멋을 내고 양장을 한 그녀는 조선 정부의 동향과 러시아의 활동을 탐지하는 고급 첩보활동을 한다.

구한말은 독일인 묄렌도르프, 러시아공사관의 손탁, 일본의 배정자, 미국의 알

일본대사관 앞, 위안부 소녀상. 배정자의 업보

렌 등이 외교관과 정부 고문을 칭하며 조선 궁중에서 영향력을 확보하는 첩보활동의 전성기이기도 했다. 조선에 대한 증오로 가득 찬 배정자는 일본 공사관의 조선어 통역관 현영운과 조선 최초의 서양식 결혼식을 치르며 경성의 사교계를 놀라게 한다. 그 후 조선인 재벌 등과 4차례의 결혼을 하는 등 그녀의 애정 편력도 봉건에 찌들어 있던 조선인의 상상을 초월한다.

을사보호조약을 체결하고 이토 히로부미가 조선통감으로 부임하며 그녀는 전성기를 맞는다. 조선 팔도의 온갖 청탁과 왕실의 파격적 대접이 밀려든다. 고종도 한때 그녀를 비밀 연락원으로 활용한다. 그러나 권력도 한 시절, 이토 히로부미가 1909년 10월 26일 하얼빈에서 안중근 의사의 총에 저격당해 사망했다는 소식으로 실신하며 그녀의 인생은 또 한 번 굴절된다.

배정자는 조선총독부와 일본 헌병사령부의 비밀 요원으로, 북만주와 하얼빈,

세종로의 일본대사관 정문. 경찰 차량으로 둘러싸여 있다.

시베리아를 누비며 조선 독립운동가와 중국 마적단의 정보활동에 종사한다.

1927년(58세)에 은퇴한 그녀는 1941년 태평양전쟁이 발발하자 70대의 늙은 몸으로 다시 추잡한 친일 대열에 나선다. 조선인 여성 위안부 100여 명을 데리고 일본군이 주둔한 남양군도에 출동하며 생의 마지막까지 일본을 위한 악질적 매국 행위에 전념한다. 배정자의 정신적 조국은 일본이었다.

해방 이후 성북구 숭인동 야산에 은거하다가 반민특위가 구성되면서 1949년 최초로 구속된 여성 인물이 되었다. 출옥 후 한국전쟁 중 성북구 집에서 생을 마친다. 친일 반민족행위자 195인 명단에 포함된 배정자의 행위는 비밀 첩보요원으로 활동하였기 때문에 정사에는 기록이 거의 없다. 그녀의 일생은 호사가들의 입을 거쳐 1966년 '요화 배정자(김지미 역)'로 영화화된다.

어둠 속에 불을 보고 마구 뛰어드는 불나방처럼, 배정자는 망국의 시기에 격렬한 충격으로 조선을 가해한다. 이 천인공노할 행태는 이토 히로부미가 기획한 일본제국주의의 악랄한 술책의 산물일까? 아니면 증오와 보복심에 불타는 개인적 일탈이었을까?

커피에 빠지다, 대한제국!

　최근 들어 국내 여행을 해보면, 방방곡곡 경관이 좋은 장소는 커피숍이나 카페로 변하고 있음을 보고 놀라게 된다. 도심지에는 스타벅스라는 미국의 첨단 커피 기업이 재벌기업과 손잡고 목 좋은 빌딩과 장소를 선점하여 젊은 청년들을 빨아들이고 있다. 지방에서도 강변이나 해변 계곡의 좋은 위치에는 예외 없이 대형 베

해변의 카페, 전국적인 확산이다.

이커리 카페가 들어서서 성업하고 있다. 기대와 우려 속에 커피 시장은 급속도로 확장되고 있다. 한때의 유행이 아니라 하나의 문화로 정착되고 있음을 느끼게 된다. 서양에서 도입된 커피문화, 한민족의 커피 사랑은 도대체 언제부터 시작되었을까?

커피의 전파경로에 대해서는 의견이 다양하지만, 구한말 개화와 근대화의 산물임은 확실하다. 기록으로는 1895년에 발간된 유길준의 서유견문(西遊見聞) 속에 1890년경 중국을 통하여 유입되었다고 기술하고 있다.

그보다 앞서 1883년 미국, 영국, 프랑스 등 구미 각국과 외교관계를 수립하고 궁중을 드나들던 외교사절이나 선교사 등을 통해 전파되었다는 설도 있다. 더 유력한 설은 임오군란 후 1882년 말 독일인 묄렌도르프가 조선에 최초로 외국인 고

초기의 러시아공사관. 궁정처럼 웅장했다.

고종의 길, 러시아공사관과 덕수궁을 연결한다.

문으로 올 때 가지고 와서, 그의 집 박동궁(구 숙명여고 터)에 방문한 미군 장교에게 대접하였다는 기록이 있다. 인천 개항지에서는 1883년 일본인 호리 히사타로가 운영한 우리나라 최초의 호텔 인천대불호텔에서 판매했을 것이라 추정하고 있다.

  공식 기록으로는 1896년 고종이 아관파천 당시 러시아공사관에서 공사관의 셰프인 미스 손탁(Sontag)이 대접한 커피를 처음 마셨다고 한다. 일본의 압박을 피해 탈출한 고종은 머리를 식히기 위해 세자와 함께 달콤하며 쌉쌀한 커피 맛에 빠져들었고, 경운궁(덕수궁)으로 환궁한 뒤에도 커피를 수시로 찾았다. 손탁은 고

덕수궁 중화전, 정궁으로 사용했다.

종으로부터 공사관 앞 건물을 하사받아 그 유명한 손탁호텔을 만들고 일층에는 레스토랑 커피숍을 운영하였다. 이것이 서울의 호텔 커피숍 원조가 되었다.

서양인에 의해 도입된 커피는 오묘하고 그윽한 향과 구수한 맛으로 궁중에서 왕족과 귀족들에게 널리 퍼져나갔다. 명칭도 영어 발음을 딴 한자 '가배(珈琲)'로 불리거나 서민들 사이에선 쌍화탕과 비슷한 한약 탕국, 서양의 탕국이라 하여 '양 탕(洋湯) 국'이라 불린다.

1897년 2월 고종이 들끓는 환궁 여론과 중신들의 건의로 1년여 만에 러시아 공사관을 떠나 가까운 경운궁(덕수궁)으로 환궁한다. 미국, 영국, 러시아, 불란서

덕수궁 석조전, 서양식 정전

공사관에 둘러싸인 경운궁이라면 일본군의 습격으로부터 안전할 것이라는 서글
픈 기대 속에 말이다. 러시아공사관에서 덕수궁까지 이른바 '고종의 길'이라고 알
려진 궁색하게 숨어 다니던 길을 돌아 대한문으로 입궐했다. 그리고 1897년 대한
제국이 선포되었다.

환궁하기 전에 경운궁은 법궁으로서의 권위를 갖추기 위해 대대적으로 수리하
고 신축 궁궐이 들어선다. 대신들과 회의하는 정궁인 중화전(中和殿)과 사저인 함
녕전을 신축한다. 이어서 황제의 신식 집무실과 사저로 사용되는 고전적인 유럽
풍의 대리석 석조건물 석조전은 1910년에 완공된다. 약소국 처지에 왕의 궁궐로
경복궁, 창덕궁에 이어 덕수궁까지 3개소나 건립되나, 궁이 많다고 나라가 부강

사바틴이 설계한 이국적 정관헌

한 것은 아니라는 것을 역사는 알려준다.

　고종의 커피 취미는 1898년 고종 암살 기도 사건으로 연결된다. 1890년대 초반 러시아에 능통한 조선인 김홍륙이라는 통역관이 있었다. 평범한 백성의 자식으로 함경북도에서 출생한 그는 어린 시절 국경을 넘어 연해주 블라디보스토크로 간다. 어부로 일하며 러시아어를 익힌 그는 조선 정부에서 친러파들이 득세한다는 풍문을 듣고 무작정 서울로 상경한다. 손을 쓴 끝에 내부협판 김종환을 소개받아 어전 통역관에 임명받았다.

　때마침 고종이 러시아공사관으로 탈출하자 물고기가 물을 만난 듯 김홍륙의 세상이 왔다. 러시아공사관에 거주하는 동안 통역을 빙자해 자기 마음대로 국정을 농단했다. 고종의 총애를 받으며 학부협판(차관) 한성부 판윤(서울시장)을 역임했으며 전국 수령 방백의 인사를 좌지우지하며 매관매직으로 그 폐해가 민 씨 척족 때만큼 심했다. 결국 그의 권한 남용과 농단이 드러나며 파직되어 전라도 흑산도로 유배 조치를 받는다. 이에 앙심을 품은 그는 유배를 떠나기 전에 그의 처를 통해 고종을 암살하려는 음모를 꾸민다. 전 왕실 요리사 김종화라는 자를 매수하고 독약을 전달하여 고종이 애호하는 커피에 타도록 사주한다. 독약이 아편 덩어리라는 설이 있다.

독을 넣은 커피를 마시던 고종은 맛이 이상하여 뱉어내어 이상이 없었지만, 한 모금 마셔버린 세자 순종은 토하고 쓰러진다. 세자는 후유증으로 18개의 이빨이 빠져 의치를 해야 했다. 을미사변에서는 일본군과 낭인에게 심한 폭행을 당해 모친인 민비를 잃고, 이번에는 커피를 마시다가 독약으로 테러를 당한 순종은 조선의 운명이 그렇듯 재임 기간 중 제정신이 아니었다.

이 사건을 겪은 후 순종은 죽을 때까지 음료수는 절대 마시지 않았다고 한다. 서글프고 처량한 망국의 왕이었다. 김홍륙을 비롯한 관련자 전원은 참수형을 당하고 종로 거리에 목이 매달려 또다시 조선의 야만적 사법제도를 노출하였다.

1900년 정관헌(靜觀軒)이라는 러시아풍의 건물이 러시아인 건축기사 사바틴의 설계로 지어진다. 사바틴은 민비가 건청궁에서 시해당할 때 현장을 목격한 바로 그 사람이다. 고종의 커피 사랑은 정관헌에서 외국 공사들에게 연회를 베풀거나 음악을 감상하며 커피를 즐기는 데까지 발전된다.

해방 이후에는 정관헌은 한때 덕수궁의 관람객에게 차와 음료를 팔던 '카페'로 이용되기도 한다. 피난지 러시아공사관에서 고종이 맛본 커피는 120년 뒤 한반도에서 K-커피로 날아오르고 있다.

노다지, 제국 외교

구한말 미국 의료선교사 알렌(Horace N Allen, 1858~1932년)의 역사 흔적을 따라 서울 도심을 찾았다. 답사는 갑신정변이 촉발된 조계사 앞 우정총국과 묄렌도르프의 집(구 숙명여고 터)에서 시작되었다. 발걸음은 제동 헌법재판소 내에 있던 제중원 병원(개화파 홍영식의 집, 창덕여고 터)으로 옮겨간다. 정동에서 미 대사관저와 최초의 감리교 교회인 정동교회를 밟고, 한강변 절두산 아래 양화진에서 미국을 오가는 알렌의 모습을 찾을 수 있었다.

의료 선교사 알렌은 1884년 말 갑신정변에서 중상을 입은 민비의 조카 민영익

1903년 미국알렌 공사의 초청으로 정동 미국공사관에 모인 각국 외교사절들(오른쪽에서 세번째 알렌 공사)

양화진 천주교 성지 절두산

을 완치시키며 궁중의 깊은 신뢰를 받았다. 고종과 민비의 주치의 자격으로 궁궐을 자유롭게 출입하며 막강한 권력을 가지게 되었다. 경제적으로는 미국 선교본부에서 지원하는 자금 이외에 제중원 원장의 고액 수입으로 풍요로웠다.

　수많은 하인을 거느려 보모, 식모, 수위, 가마꾼, 일꾼을 둘 수 있었다. 알렌 이외의 당시 미국 선교사들도 조선인들로서는 부럽게 보일 수밖에 없는 고급스러운 집과 가구와 식료품, 옷으로 사치스러운 생활을 하고 있었다. 선교본부에서 지원하는 지원금이 풍족하고 미국인의 소득수준이 높아 선진문명의 이기를 소유하였기 때문이다.

이에 관해 선교사들의 설명은 상당히 이기적이고 인종차별적이다.

"조선의 양반이나 평민들은 미국 선교사의 가정이 안락하고 쾌적하다는 것에 관해 동경한다. 그로 인해 선교사와 개신교는 강한 매력을 주고 있다. 따라서 안락한 집은 선교사의 단순한 사치가 아니라 조선인들에게 서양과학과 종교에 귀를 기울이게 한다."

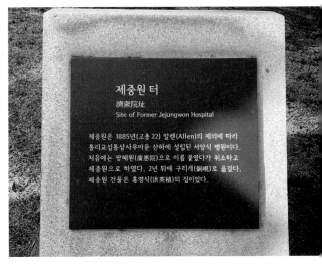

근대병원의 시작, 홍영식 집터 제중원

반면에 "초기 가톨릭 신부들은 검소하거나 빈한한 생활을 하고 있어, 조선인들에게 경시당하거나 주목받지 못하고 있었다"라고 전해진다. 조선인들은 오랜 기간 신분 차별의 사회로 허례허식이 심해, 가난하거나 행색이 초라한 사람은 깔보는 경향이 있었다. 이 또한 개신교 선교사와 가톨릭 사제의 미묘한 차이로 인식되어 선교활동의 성과로 나타났다.

알렌은 초기에 자신을 서울 선교사의 책임자로 생각하고 타 선교사들을 통제하려 했다. 그러나 언더우드나 아펜젤러, 의료 선교사 헤론 같은 정통 선교사는 이를 받아들이지 않아, 그들 간의 반목은 미국의 선교본부까지 알려졌다. 알렌은 자만심과 급한 성격의 소유자로 심지어 선교사로서 부적합한 인물이라고 동료 선교사들의 강한 비난을 받곤 했다.

알렌은 알력이 많은 선교사직보다는 의료인과 외교관으로 적응하기 시작했다. 그 결과 1887년 1차 선교 봉사가 끝날 무렵에는 조선의 주미 한국공사 박정양의 외교 고문으로 금의환향하게 된다.

헌법재판소 뒤뜰의 소나무 숲

　미국에서 머물던 알렌은 자신의 재능을 인정해 주고, 명예와 부를 가져다준 고
종과 민비가 절실하게 그리웠다. 1889년 선교사로 조선 재파견을 자원하며, 이
번에는 주한 미국공사관의 공식 외교관으로 입국한다. 외교관으로 신분을 바꾼
그는 친한파 외교관으로 청국과 일본의 간섭에 항의하며 조선 왕실의 고충을 대
변해 준다. 1893년에는 미국 대리공사로, 조선의 통감 노릇을 하고 있는 오만방
자한 위안스카이의 횡포에 제동을 거는 역할을 한다. 위안스카이는 미국의 힘을
업고 있는 알렌과는 대립하려 하지 않았다.

　알렌은 궁정외교의 칙사로, 미국의 경제침투 선봉대로, 스스로는 미국 기업의
브로커로 3중의 역할을 교묘하게 수행한다. 19세기 서구 열강의 제국주의는 이

렇게 교활한 형태로 침투하였던 것이다. 세계정세에 무지하며 부패한 약소국의 지도층은 적당히 영합하여 국가적 이권과 자원을 헐값에 넘겨버리는 매판자본이 등장하게 되는 것이다.

1892년 미국 전기회사가 경복궁과 창덕궁에서의 전기사업권을 헐값으로 얻으려고 문서를 보냈다. 조선 정부에는 영문 문서를 해독할 수 있는 사람이 없었다. 이것을 해석하여 '불가'라는 회신을 작성한 사람이 개화파이며, 최초의 미

온화하나 우유부단한 고종(1917년경 고종의 사진)

국 유학생 유길준(1856~1914년)이었다. 정권 실세 민영익의 별장 취화정(현 감사원 별관 앞 터)에 유폐 중인 유길준은 이 공을 감안하여 석방되었다.

열강이 눈독 들인 가장 큰 이권은 금광 개발권이었다. 1895년 조선에서 최고의 금광인 평안북도 '운산 금광' 채굴권이 알렌의 주선으로 미국 사업가 모스(James R. Morse)에게 허가되었다. "금광개발 이권을 미국인에게 주면, 미국이 조선 문제에 관심을 가질 것"이라는 알렌의 조언에 고종이 기만당한 것이다. 알렌은 거액의 사례비를 챙겼다.

운산 광산에서 발견된 어마어마한 금맥을 보고 미국인 광산업자들이 조선인 노동자에게 "손대지 말라! No touch!"라고 하여 '노다지'는 일확천금이라는 요술 단어가 탄생한다. 그 후에도 경인철도부설권, 서울전차부설권, 수도가설권까지

양화진의 역사 위로 연결된 당산철교

조선에서 따냈다. 미국에 이어 독일, 영국, 프랑스, 이탈리아, 일본까지 한반도에
서 각종 이권과 광산 채굴권을 가져간다.

　　1901년 전권공사가 된 알렌은 자신의 코리안 드림이 이루어지고 있다고 생각
했다. 그는 선교사 초기부터 머문 정동 미국공사관 관저에 대단한 애정을 가지고
있었다. 초대 공사 푸트의 부인 마담 로즈(Rose)가 조성한 아름답고 넓은 정동 관저
에 테니스 코트와 정원을 정비하고 공관 가꾸기에 큰 공을 들인다. 그 결과 한국의
미국 공사 관저는 세계에서 가장 아름답고 전통 있는 한국식 건축물로 보전된다.

　　1905년 러일전쟁 종료 후 을사늑약으로 조선의 외교권이 상실된다. 알렌은 이
의 부당성을 보고하고 문제 삼지만, 루스벨트 대통령의 친일 외교책에 따라 본국
으로 송환된다.

　　알렌은 그 후 '한국 사정(Korean things)', '한국 이야기(Korean tales)' 등 한국

에 관련된 책을 출간하고 한국 문제에 관심을 가지며, 의사로서 봉직하며 1932년 고향인 오하이오에서 숨을 거둔다.

1884년 개신교 전파를 위해 한반도에 최초로 입국한 의료선교사 알렌은 갑신정변과 청국의 조선 침략을 지켜봤다. 최초의 서양식 병원을 운영하며 청일전쟁과 동학농민혁명, 민비시해사건을 생생히 목격한다. 일본의 침략으로 무너져 내리는 1905년에 조선을 떠나며 국외자로서 격동기 구한말 20여 년간을 경험한 귀중한 증인이다.

해외 사정에 무지한 조선에서 이권을 침탈하며 실속을 챙겨가는 제국주의의 영악함도 있었다. 그럼에도 그의 증언과 저술은 당시의 국내외 정세를 이해하고 평가해 볼 커다란 역사적 가치가 있는 중요한 인물이었다.

알렌을 넘어 미국, 미국인, 미국 자본주의는 현재에도 미래에도 한국인에게는 커다란 도전이며 숙제일 것이다.

야망과 좌절, 독립문-서재필

　서울 서대문구 현저동 독립공원에 독립문과 더불어 대형 동상이 서 있다. 동상의 주인공은 구한말 개화 운동가이자 독립운동가 서재필 박사(1864년~1951년)이다. 서재필의 일생을 살펴보면, 조선이 근대화 과정에서 겪은 한 편의 역사 드

독립문 공원 서재필 동상

라마로 펼쳐진다.

충청남도 논산 은진이 본가인 서재필은 외가인 전라남도 보성에서 출생했다. 논산에서 일곱 살 때 상경하여, 종로 북촌에 사는 외삼촌 이조참의 김성근의 집에서 성장했다. 외가에서 출생하고, 고관인 친척의 장남으로 입양되어 한양으로 유학하는 과정이다. 장자 세습과 서얼 차별을 중시하는 봉건제도를 지향하는 조선의 사회과정이었다. 구한말의 김옥균, 조성하, 이완용 등 수많은 인물들이 이런 과정에서 성장했다.

북촌으로의 유학은 파란을 예고했다. 북촌의 명문가 엘리트 김옥균, 홍영식, 박영효 등과 교류하며 개화사상을 접하게 되었다. 1882년 문과에 급제하여 엘리트 관료의 길에 나선다. 임오군란 후 국방 근대화가 시급하다는 김옥균의 권고로 1883년 일본 도야마 군사학교에 유학하여 근대 군사교육을 이수한 군사 엘리트였다. 1884년 귀국해 사관학교 설립을 건의하고 국왕의 승인하에 그 책임자가 되었다.

그는 민영익 등의 수구파를 처단하고 개화를 앞당기자는 김옥균의 구상에 행동대로 앞장섰다. 1884년 12월 정변의 주동자로 일본 도야마 군사학교 출신 생도들과 함께 왕의 호위와 수구파를 처단하는 임무를 맡았다. 정변이 삼일천하로 실패한 후 일본으로 망명하고, 다시 자객을 피해 미국으로 이주한다. 그 사이에 가족은 역적으로 연루되어 부모와 형, 아내는 음독자살하고, 동생 서재창은 참형되었으며, 두 살 된 아들도 굶어 죽는 참혹한 고통을 겪고 있었다.

서재필의 이미지는 미국 박사며 의사와 지식인으로 알려져 있다. 그러나 그는 혈혈단신 미국에서 살아남기 위해 그 성격이 강해지고 매정해졌으며 매우 이기적일 수밖에 없었다. 천신만고 끝에 콜롬비아 의과대학을 졸업해 1890년 한국인 최초로 미국 시민권을 취득했다. 1893년 미국 의사가 되고, 1894년 명문가 백인 여성 암스트롱(Muriel Amstrong)과 결혼하여 미국 주류사회로 진입했다. 한 편의 아메리칸드림 주역이었다.

그는 미국 망명 10년 10개월 만인 1895년 말에 백인부인과 함께 조선으로 향한다. 갑오경장 후 개화파는 전부 사면되었다. 내부대신 박영효의 간곡한 요청으로 개혁 정부에 참여하기 위해 귀국한 것이다. 백인부인과 함께 나타난 미국인 서재필은 조선을 깜짝 놀라게 하였다. 삼족 멸문이라는 끔찍한 고통을 겪고 난 후 조선에 대한

서재필 동상

저주와, 애국심 사이에서 그는 고뇌했다.

국내 정국은 소용돌이가 일고 있었다. 일본군에 의한 왕비 시해 사건이 발생하고 단발령으로 전국의 민심이 끓어올랐다. 고종이 러시아공사관으로 탈출하는 극심한 혼란 상황이었다. 그는 미국 이름 필립 제이슨(Phlip Jason)을 앞세워 미국인으로 행세하였다. 혼란한 정부 활동에 가세하기보다는 미국 시민으로 제삼 지대에서 여론을 주도하고 민심을 끌고 나가는 근대신문을 창설하기로 했다. 정부의 재정지원을 받아 '독립신문'을 창간하기로 합의했다.

정부의 지원과 자금이 투입된 측면에서 순수한 민간 신문은 아니었지만, 서재필 주도하에 1896년 4월 7일 독립신문이 한글로 창간되었다. 그들이 내건 기치는 자주독립과 조선의 개화, 국민권익이었다. 창간 발행 부수는 300부였고, 기자 3명, 신문 1부에 1푼(1센트), 신문 1부를 200명이 돌려보았고, 시장 안에서 수십 명이 모여 한 사람이 큰 소리로 낭독하기도 했다. 독립신문 창간일인 4월 7일은 '신문의 날'이라 하여 한국 언론의 시발이 되는 날로 기념하고 있었다.

3개월 뒤에는 서재필의 주도로 독립협회(獨立協會)가 창립되어 조선의 독립과

독립문을 세우기 전의 영은문

자주 근대화를 추진하는데 여론 주도 역할을 다한다. 독립협회가 주도하여 1896
년 11월 21일 속국의 상징이었던 영은문(迎恩門)을 헐어내고, 독립문(獨立門)을
세우는 역사적인 착공식을 시작했다. 서재필의 자서전에 이렇게 언급되어 있다.

"내가 조국에 돌아와서 제일 먼저 눈에 띈 것이 영은문이었다. 이 더러운 상징,
부끄러운 문을 없애야겠다고 굳은 결심을 하였다. 영은문을 헐어버리고, 그 자리
에다 독립문을 세워야 한다."

1897년 5월에는 중국 사신이 머물던 모화관을 개수하여 독립관을 만들고 독
립공원을 열었다. 착공 1년 만인 1897년 11월 21일 독립문을 준공하였다. 당시
에 독립은 일본, 러시아로부터 독립이라기보다는 중국에 종속된 과거를 반성하고
새로운 출발을 하자는 의미였다. 이 과정에 고종의 사전 승인과 이완용, 안경수
등 고위 관료의 참여가 있어 정부의 지원을 받았다.

서재필은 이국에서 혈혈단신 자수성가 과정을 거치며 매우 강한 성격의 인물

모화관을 개축한 독립관

로 변신했다. 개인적으로는 '모나고 몰인정한 이기주의자'라는 인간성 평가를 받을 정도였다. 서재필은 고종 임금 앞에 나설 때에도 '신(臣)'이라는 말을 하지 않았고, 서양 공사들처럼 뻣뻣하게 선 채로 손을 내밀 뿐이었다.

심지어 고종 앞에서 담배를 꺼내 물고 있었으며, 조선 사람을 대할 때 "You Koreans!(너희들 조선 사람들!)"이라는 말을 써서 비판을 받았다. 이런 이유로 그를 친일적이고 친미적이라 비난하는 수구파들도 많았다. 일찍 서구화된 그의 행태와 가족이 몰살된 트라우마가 겹쳐, 조선의 전통 윤리와 충돌을 일으킨 것이라고 보고 있다.

동시대 지식인이며 개화의 동지였던 윤치호의 평가는 사적으로는 매우 인색하

독립 자존의 상징, 독립문

나, 공적인 면에서는 상당히 긍정적이다. "서재필은 모든 것을 명령하기를 좋아하는 야심가이다. 그는 정력적이고 빈틈이 없다. 대신이든 협판이든 노소를 불문하고 어린애처럼 타일러 다룬다. 대부분의 사람들은 그의 지시에 따라 명령을 이행할 수밖에 없었다. 그가 미국 국적을 가지고 있어 보복할 수 없었으며, 많은 월봉 300달러의 계약이 있어 그는 소신 있게 행동할 수 있었다." 강철같은 의지로 근대를 소신껏 활보한 것이다.

　서재필의 이념대로 독립신문은 서구를 이상향으로 보고, 국민을 계몽하고 나라를 개화하는 데 지대한 공헌을 하였다. 부패한 친러정부와 러시아의 침투를 정면으로 비판했다. 고종의 조속한 환궁, 러시아의 부산 영도(절영도) 조차 요구 철폐와 심지어 공사로 부임한 알렌이 개입한 경인철도 부설권의 미국 양도 반대에 알렌은 발끈했다. 고종은 환궁 요구에 따라 아관파천 1년 만인 1897년 2월 20일 경운궁(덕수궁)으로 돌아왔다.

강경파인 신임 러시아 공사는 독립협회와 서재필을 미국 앞잡이로, 독립신문을 미국 신문으로 지목하여 비판했다. 조선 정부에 그의 추방을 요구했고 정부도 안하무인인 그의 행동에 불편해하고, 미국 공사 알렌마저 신변안전을 이유로 자진 출국을 요구하기에 이른다.

1898년 4월 30일 숭례문(남대문) 앞에서 만민공동회가 열렸다. 이승만이 주도한 이 집회는 미국으로 떠나려는 서재필의 잔류를 요청하기 위한 집회였다. 집회 참석자는 모두 눈물을 흘리고 서재필은 감격했으나 잔류할 수 없음을 설명한다. 1898년 5월 14일 부인 암스트롱과 딸을 데리고 용산에서 배를 타고 한강을 거쳐 인천으로 가서 미국으로 돌아갔다. 두 번째 미국 망명길이다.

그는 미국으로 입국하여 필라델피아에 거주하며 병원을 개업하고 평범한 시민 생활에 들어간다. 1919년 조선에서 삼일운동이 일어나자 전 재산을 정리해 독립 운동자금으로 출연하고 독립운동에 뛰어든다. 상해임시정부가 설치되자 구미위원회를 설치하고 영문으로 발행되는 '더 인디펜던트'를 간행하여 일본제국주의를 규탄하였다. 독립운동을 계속하며 의사로 봉직하다 해방을 맞았다.

1945년 광복이 되고 미군정이 실시되자 1947년에 군정청의 고문관으로 두 번째 귀국한다. 서재필은 미군정의 지지를 받는 독립국의 유력한 대통령 후보군이었으나 고령(81세, 이승만은 73세)이었다. 성격이 강직하고 직선적이어서 정당과의 협조가 어려웠다. 48년 8월 15일, 배재학당에서 가르친 제자 이승만의 대통령 취임을 착잡하게 바라보며 쓸쓸히 미국으로 돌아간다.

서재필은 세 번이나 국가를 변혁하겠다는 이상에 도전했으나 번번이 물러서고 만다. 그의 인간적 한계였을까? 권력의지가 없었을까?

세 번째 미국행은 다시는 돌아올 수 없는 길이었다. 1951년 필라델피아에서

84세로 영면하였다.

그러나 현대사는 잠든 그를 다시 조국으로 불렀다. 1994년에 그의 유해를 옮겨와 국립현충원에 안장하였다. 세 번째 귀국 그것은 영원한 귀국이었으나 잠들어 소리 없이 돌아온 것이다. 안산 자락에 펼쳐진 독립문과 서재필 동상을 바라보며 근대를 회상한다.

07

개항의 파고

인천 차이나타운, 인천역 앞 구 중국조계지

제국의 책략, 개항지 인천

    서울의 관문이며 서해안의 최초 개항지 인천으로 발길을 옮겨 근대사의 흔적을 찾아 나선다. 2023년 5월 인천으로 가는 길은 빠르고 편리한 교통수단의 발전에 따라 매우 단순했다. 잠실에서 2호선 전철을 타고, 신도림역에서 1호선 경인

인천항 부두와 월미도 전경

선으로 환승하여 종착역 인천역에 하차하면 90여 분 만에 개항지에 도착한다. 서울시청을 기준으로 하자면 약 38km, 1시간이면 충분한 거리였다.

철도라는 문명의 이기가 조선에 등장한 것은 1899년이다. 1880년대 초 개항시부터 1899년까지 약 20여년 동안 제물포 포구에 도착한 여행자들은, 서울로 가기 위해 도보로 걷거나, 가마나 조랑말을 타고 12시간여에 걸쳐 쉬지 않고 이동해야 했다. 그리고 마지막 관문인 한강을 나룻배로 건너 양화진(양화대교)이나 마포나루에 도착한다. 다시 서대문(돈의문)을 통과해야 조선의 수도에 1박2일 만에야 입성할 수 있었다. 조선의 시간과 공간은 19세기 후반까지 이렇듯 완만하게 펼쳐져 있었다.

종착역 인천역에 도착하면 우선 지명부터 가닥을 잡아야 한다. 제물포와 인천은 같은 곳인가, 나른 곳인가? 현재 제물포 전철역과는 어떤 관계일까?

간단히 정리하자면 인천이 최상위 도시이고 제물포는 인천 서쪽 해변의 작은 포구였다. 현재의 제물포 전철역은 원래 숭의역이었다. 숭의역 명칭을 1963년에 제물포라 개칭하며 마치 이곳이 제물포 포구였던 듯 혼동을 일으키게 된다.

조선은 일본과 체결한 1876년 강화도 조약에서 세 군데 항구를 차례로 개항하기로 했다. 개항의 충격이 두려운 조선 정부는 개항일시도 연기하고 싶었고, 개항하더라도 가급적 서울과 먼 곳으로 회피하고자 했다. 개혁과 개방에 대한 국내 보수파 척화세력의 반발과 외침에 대한 두려움, 수용 태세가 미비한 탓이었다. 개화의 적극적 수용보다는 소극적 방어에만 목적을 둔 국가전략의 부재였다.

조약상 개항은 1876년부터 일본과 가까운 남해안의 부산, 1879년 동해안의 원산(덕원) 순이었다. 1880년 예정된 서해안 개방에 관해서, 조선 정부는 막연히 수도 서울과 먼 화성 남양만과 평택 포구를 생각해 보는 그야말로 피동적 자세였다. 쇄국의 굴레 속에 해안을 통한 외국과의 교류는 상상할 수 없었고, 부산을 통한 일본과의 통신사 교류가 유일한 해안개방이었다. 그것마저 1811년 순조 임금 때 마지막 교류를 끝으로 중단된 상황에서 서해안의 개방은 식자층에게 외국

철도 개통 전, 인천 중구 내동 인천감리서 일대

의 침략을 연상시킬 수밖에 없었다.

근대적 항해 기술과 동력선의 발전으로 장거리항해가 가능해지자, 일본은 수도 서울과 가까운 서해안 포구를 개항지로 모색하게 된다. 일본은 군함과 조사선을 통해 수 차례의 해로 측량을 한 결과 인천의 제물포 포구가 가장 유리한 것으로 판단을 내렸다. 육로로도 서울과 가깝고 필요하면 강화해협으로 한강을 항해할 수 있는 최적지였다.

지정학적 경제적 군사적 타당성을 검토한 것이다. 실제로 1882년 임오군란과 1894년 청일전쟁 시 출동한 일본군은 제물포항으로, 청나라 군은 남쪽 평택 쪽으로 입국하게 된다. 지정학적 기선을 잡는 것이 승리의 변수였다.

1880년 이전에는 서해안의 작은 포구에 불과하던 제물포 포구가 1880년부터 일본인들이 기선과 군함을 이용해 접근하며 서울로 가는 관문으로 발돋움한다.

제물포항, 개항 초기 전경

공식적으로 인천의 개항은 1883년이지만 1880
년 12월 일본의 초대 조선공사 하나부사가 제물
포항을 통해 입국하면서 실질적 개항이 이루어
진다.

　일본의 한반도 진출에 가장 민감한 나라는 종
주국으로 자처하는 청국(청나라) 이었다. 1868년
메이지유신으로 일신한 일본은 1879년 류큐왕
국을 자국 영토로 편입시키며 오키나와라 칭하
는 사건이 발생했다. 중국으로서는 아편전쟁 이
후 외침을 겪으며 국가의 혼란 속에 당한 뼈아픈
실책이었다. 청국은 한반도에서 일본 세력의 확
장을 견제하기 위해 서구열강 중 조선 수교를 열
망하는 미국을 첫 번째 수교국으로 주선하여 일

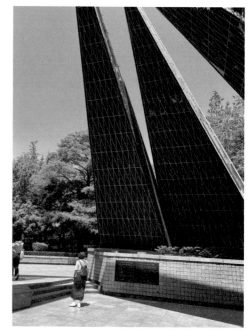

자유공원, 한미수교 100주년 기념탑

본을 견제하기로 했다.

　미국과 조선과의 수교 문제를 중국의 이홍장 총리와 주중 미국 공사가 천진(톈진)에서 논의한 것이다. 이로써 미국과 중국 간의 한반도 문제 개입 역사가 시작되며, 선수를 친 일본과 한발 늦은 러시아까지 개입하며 동북아 정세는 요동치게 된다. 4대 강국은 150년 전이나 현재나 우리에게 깊숙이 개입하고 있는 지정학적 변수였다.

자유공원, 한미관계의 태동

    인천역 앞에서 도로를 횡단하여 차이나타운으로 들어서면 거리는 완연한 중국의 도시 모습으로 바뀐다. 여기서 화교 중산중학교를 지나면 바로 삼국지 벽화 거리에 이어, 자유공원으로 오르는 길이 나타난다. 걸어서 불과 10여 분이면 도착

인천 자유공원 정상의 석정루 누각

한다.

공원 오르는 도로 좌측에 '조미수호통상조약체결지'라는 표지석 조형물이 나타난다. 이곳이 1882년 5월 22일 미국과 조선 간에 외교관계가 개설되는 회의가 4차례 개최되고 조약을 체결한 곳 '인천해관장 사택 터'이다.

체결 장소에 관해 동구 화도진공원과 중구 올림포스호텔 자리라는 이견이 있었으나, 조약체

자유공원, 조미수호조약 체결지 기념석

결 장소인 '인천해관장 사택 터'가 명기된 지도가 2013년 발견되면서 사실을 바로 잡았다는 설명이다.

미국의 대표로는 슈펠트(R. W. Shufeldt, 1821~1895년) 해군 제독이, 조선의 대표로는 신헌 (1810~1888년)이 전권 대표, 온건 개화파 김홍집이 부대표로 교섭한 것이다.

이 조약 체결은 조선이 서구 열강과 체결한 최초의 협정이면서 향후 150년 한미관계의 이정표가 되는 구한말 역사에서 가장 뜻깊은 출발이었다

태평양 세력인 미국은 중국과

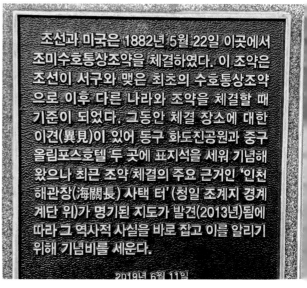

조약체결지의 이견을 해소한 기념비

는 1844년, 일본과는 1856년 페리호를 보내 포함외교로 겁박하며 외교관계를 수립했다. 미국은 조선을 일본에서 중국으로 가는 중간 기지로 생각하고, 자국 선박에 대한 석탄 연료의 보급과 개항에 관해 1850년대부터 지속적인 관심을 가지고 있었다.

1861년부터 1865년까지 계속된 남북전쟁으로 잠시 조선 진출을 미루었으나, 내전 종료와 함께 조선을 향한 접촉이 시작된다. 그러나 그 시작은 매우 불행한 사건으로 시발되었다.

1866년 미국 상선 제너럴셔먼호가 대동강으로 접근하여 평양에서 강압적으로 통상을 요구하며 충돌을 빚는다. 사실 제너럴셔먼호는 일반 상선이 아니라, 대포 2문을 장착한 무장상선으로 그 행태가 해적선이나 다름없었다. 그들의 행태는 통상을 요구하며 무력 위협, 조선 관리 납치, 물건 탈취, 퇴거불응 행위로 국제법적으로 명백한 불법행위를 저지른 것이다. 북경을 여러 번 사신으로 왕복해 해외 사정에 밝은 개화파 박규수가 조대비의 천거로 평양 관찰사에 임명받은 지 몇 달 되지 않은 시점이었다.

박규수는 불법행위를 규탄하고 평화적 철수를 요청했으나 저들은 듣지 않았다. 화공법으로 배에 불을 붙여 제너럴셔먼호를 좌초시키고 선원 26명을 검거 후 불법행위로 처형했다. 여기에는 흥선대원군이 쇄국정책으로 일관하며 척사론(斥邪論)이 지배한 강경한 국내 정국의 영향도 컸다.

1년 뒤 미국에서는 동양함대 소속 군함 위츄셋(Wachusett)을 파견해 실종 선박의 수색과 조선 정부의 조치를 알아냈으나 일단 철수한다. 이때 위츄셋의 함장이 슈펠트로 14년 뒤 1882년 조미수호조약을 체결하는 대표로 인천에 입국했으니 그는 한미관계에서 불가분의 인연을 맺는다.

1871년 미국은 조선에 대한 개항과 보복의 방법으로 일본에서 행사한 포함외교의 강압적 방식을 채택한다. 동양함대 소속 군함 5척과 군대를 동원하여 조선 원정을 단행하면서 강화도해협을 위협한다.

초지진과 덕진진을 공격하여 점령하고 광성진에서는 백병전까지 벌여, 조선군 350명이 사망하고 사령관기까지 빼앗으며, 미군은 3명이 사망하는 전투가 벌어진다. 그러나 조선 정부에서는 숨죽이고 반응하지 않아 미국 군함은 철수하고 강압적 방식은 실패로 돌아간다. 이것을 신미양요라 하며 마치 미국과의 전쟁에서 승리했다고 선전하며 쇄국을 강화하는 대원군의 자세가 과연 옳은 것이었을까? 이후로는 미국은 청과 일본을 통해 설득하는 평화적 방식으로 전환한다.

해군 준장으로 승진한 슈펠트는 1878년 미국 정부의 전략에 따라 해군 군함 타이콘데카호를 타고 세계 일주 항해를 시작한다. 1880년 일본에 도착한 슈펠트는 이노우에 일본 외상의 소개장을 가지고 1880년 5월 다시 부산항을 방문한다. 통상을 요구하지만, 동래부사 심동신이 자기 권한이 아니라는 이유로 거절한다.

슈펠트는 이홍장 총리 초청으로 텐진을 방문하여 이홍장의 주선으로 조선 수

개항 직후 제물포항과 시가지

교를 타진한다. 때마침 조선에서는 선진문물 견학단 영선사 대표 김윤식이 톈진의 군사시설을 방문 중이었다. 이홍장은 김윤식에게 중국의 뜻을 전하고 김윤식은 이를 조선 정부에 상신한다.

이홍장이 조미수교를 주선하려는 의도는 일본이 1876년 조선과 수교하며 하나부사 공사를 서울에 상주시키는 조치에 자극받은 것이다. 1879년에는 일본이 오키나와를 무력 점령하며 졸지에 빼앗긴 중국은 자신의 속국으로 간주하고 있는 조선마저 일본에 빼앗길 우려가 있었기 때문이다.

이이제이(以夷制夷)전략으로 미국으로 하여금 일본을 견제케 하려는 중국의 조치였던 것이다. 수교의 초안은 이미 톈진에서 만들어졌고, 마지막 논란은 '조선은 청국의 속국'이라는 조항을 놓고 거절하는 미국에 받아들이라는 것이었다. 조선의 운명을 놓고 톈신에서 강대국끼리 협상하는 모양은 서글프지만, 조선이 위치한 지정학적 취약성이었다.

고종이 친정하는 조선은 1876년 조일수교를 계기로 개화 분위기가 무르익었다. 2차에 걸쳐 일본에 사절단을 보내 일본의 발전상을 배워야 한다는 분위기가 개화파를 중심으로 성숙하고 있었다. 2차 수신사 김홍집 일행이 1880년 동경에서 가져온 일본 주재 청국공사관 참사관 황준헌의『조선책략(朝鮮策略)』책자는 전국 유생으로부터 고종까지 열독하며 커다란 반향을 일으키고 있던 참이었다.

'러시아의 남하정책에 대비하기 위해서는 조선은 친중 속에서 결일 연미하여 대항하여야 한다'라는 중국의 의도가 숨어있는 전략이었다.

당시 중국과 조선에는 미국은 영토 야심이 없는 대국으로 미국인을 양대인(서양의 대인)으로 부르는 우호적 분위기가 있었다.

이에 반대하여 이퇴계의 후손인 이만손은 영남 유생을 중심으로 집회를 개최하고 '임금을 그릇된 길'로 인도하는 책자를 반입한 김홍집을 탄핵하라는 만인소가 봇물을 이뤄 보수와 개혁이 대충돌하고 있었다.

이러한 조선 정세 속에서 1882년 3월 미국 대표 슈펠트 제독은 미국 전함 콜

로라도호를 타고 제물포항으로 입국하여 조선과의 수교 협상을 추진한다. 인천 제물포항이 마침내 개항되며 국제 항구로 부각하는 것이기도 했다. 중국 측에서는 이 협상을 성공시키기 위해 해군 제독 정여창과 통상 관료 마건충을 미국 측과 동행시켜 제물포로 향한다.

조선 측 대표로는 무관 출신의 통리기무아문사(외교부 장관) 신헌과 온건 개화파 김홍집이 협상에 참여한다. 신헌은 조부가 훈련대장 신홍주였으며, 무관 출신이면서도 일찍부터 다산 정약용의 문하생으로 실학 정신에 식견이 높았다. 개화 사상가인 박규수, 추사 김정희와 교류하며 경세의 지식을 쌓았으며, 개화에 관심을 가진 고위 관리였다.

신헌은 군 지휘관으로 불란서, 미국 등 서양 세력과의 전쟁을 지휘했다. 그 후 강화도와 한강 유역에 군사 진지와 화포를 보강하는 국토방위전략을 짜는 전략가

미국 대표 슈펠트제독

온건 개화파의 리더 김홍집

였다. 심지어 적들의 침략을 막기
위해 수뢰포와 같은 한국형 무기
체계를 창안한 인물로 일본과의
수교에도 대표로 나설 만큼 개화
적 인물이었다.

후세 역사가의 일부는 신헌이
무관 출신이라 무식하여 불평등
조약을 방관하고 관세 및 치외법
권에서 불리한 조항을 방치했다
고 비난하기도 한다. 그러나 국제
법의 지식은 당시로서는 조선인
누구도 해박할 수 없는 분야로 이
를 두고 신헌을 공박함은 공연한
헐뜯기에 불과하다는 생각이다.

회담 상대방인 미국 측 대표 슈
펠트도 해군 제독 출신이었다. 미

자유공원, 인천상륙작전, 맥아더 장군

국의 세계 일주 대항해를 성공시켰고, 동양함대에 파견되어 15년을 두고 조선에
세 번이나 입국하려던 집념의 인물이었다. 19세기 해외 진출과 협상은 뛰어난 군
출신 개혁파 외교관들이 주도한 사례가 많음을 알 수 있다.

협상 체결장을 지나 응봉산 정상 자유공원으로 오르면 미국군인 맥아더
(McArthur Douglas, 1880~1964) 장군의 동상이 보인다. 그리고 주변에 한미 수교
100주년 기념 대형 조형물과 탑이 설치되어 있다. 인천은 한미 우호 협력의 시발
점이며, 인천상륙작전이 성공한 역사의 장이었다. 한미관계 100주년인 1983년
을 인천 개항 백주년으로 보고 동시에 기념한 것이다.

자유공원 정상에서 맥아더는 월미도를 바라보며 전투복 차림으로 의연히 서

상호 신뢰를 상징하는 한미수교 100주년 조형물

있다. 미국 장군 맥아더가 이곳에 서 있는 역사적 의미는 어떤 것일까?

　미국은 20세기 초 일본의 동양 패권을 인정하고 조선에서 물러났지만, 40년 후 1941년 하와이 진주만이 피습되며, 일본의 도전에 직면한다. 유럽에서는 독일의 파시즘과 아시아에서는 일본의 군국주의 세력과 동시의 전쟁에서 승리하며, 미국은 1945년 8월 일본의 식민지였던 한반도를 해방한다. 미국이 한반도에 다시 출현한 것이다.

　세계 최강대국으로 우뚝 선 미국의 관심이 한반도에서 멀어지며 공산 세력은 1950년 전쟁으로 한반도를 적화통일하려 한다. 다시 미국이 개입하고 맥아더의 인천상륙작전 성공이 계기가 되어 국가는 침몰 위기를 벗어났다. 이후 곡절은 있었지만 대한민국은 발전하며 자유민주주의 세력에 편입되어 21세기에 번영을 구가하고 있다.

중국도 서구열강에 찢기며, 일본의 침략에 맞서 사회주의 국가로 굴기하며 세계 양대 강국(G2)으로 부상하였다. 일본도 패망 후 미국 세력권에 편입하며 세계 3대 경제 강국으로 복귀하였다.

돌아보면 19세기 말 이후, 한반도에 힘의 공백이 초래되면, 주변국에 의해 한반도에는 격랑이 몰아쳤다. 힘의 균형 인자는 단연코 미국의 힘이었다. 너무 미국 중심적인 사고일까!

슈펠트 제독과 신헌 장군이 인천 자유공원에서 수립한 한미관계는 이제 새로운 100년을 마주치고 있다. 세계를 지도하는 미중 양대 강국이 반목하며 힘 자랑을 하고 있다. 동아시아에서 중국에 인접한 한국도 눈치를 보며 방향을 잡아야 하는 실정이다. 우리가 어떤 방향으로 가면 독립과 평화와 번영이 확보되는 길일까? 인천자유공원이 던져주는 개화기 역사 기행의 숙제였다.

개항 거리, 외국 조계지

인천의 개항장과 외국 조계지의
역사적 흔적을 따라나섰다. 1883년
이후 인천의 제물포항을 중심으로
개항장이 형성되고, 현재 자유공원
이 위치한 응봉산 자락에 외국인 치
외법권 지역 조계지가 넓게 자리하
고 있었다. 실제로 인천시는 개항을
1883년으로 기념하고 있으니 외국
조계지의 설정 시기와 동일하다.

중국 상해에 영국, 프랑스, 일본
조계지가 있어 김구, 윤봉길 선생이
프랑스 조계지에서 독립운동을 하
였다는 사실은 알고 있었지만, 우리
땅에도 치외법권지대인 조계지가 있
었다는 역사적 사실은 의외였다. 조
계지는 19세기 열강이 약소국에 진
출하면서 만들어진 제국주의의 침략
기지로 치외법권이 인정되는 외국인
거류지였다. 서양 세력이 집중 공략

자유공원 입구 각국조계 표지석

각국 지계를 구분하는 돌비석. 근대의 상흔

하던 중국에는 영국, 독일, 불란서, 일본 등 8개국이 28개소나 유지하고 있었고, 일본에도 개항 초기에 요코하마에 조계지가 있었다. 조선 영토에도 인천, 부산, 원산 등 개항장에 6개소의 조계지가 있었다는 역사적 사실을 알게 된다.

각국 조계석

조계란 영토의 일정한 범위를 한정하여 외국인의 거주를 허가한 지역으로 거류지라고도 부른다. 인천에는 1883년 일본전관조계를 시작으로 같은 해 12월 청국전관조계, 1884년 10월에 각국공동조계가 설치되었다. 조계석은 조계의 경계를 나타내 주는 표지석으로 각 조계의 경계 지점에 세웠던 것이다. 이 각국조계석에는 '각국지계(各國地界)'와 '조선지계(朝鮮地界)'라는 명문이 있어 인천의 각국조계와 조선인 마을이 맞닿는 개항장의 외곽 지점 어딘가에 서 있던 것임을 알 수 있다. 2007년 제물포구락부 보수 공사 중에 발견되어 현재 인천시립박물관이 보관하고 있다.

General Foreign Settlement Border Stone

The settlement is a district of extraterritorial jurisdiction, where foreign people are allowed to have their residence in its limited area. This Settlement Border Stone is a replica of the original one, which was built in the border between Local residence and General Foreign Settlement in the time of Incheon open port.

조계지의 해설과 역사

1882년 5월 미국과의 수교 이후 개항된 인천 제물포항에는 외국 군함 상선들이 밀려들기 시작한다. 외교관, 선교사, 상인, 군인들이 저마다의 코리안 드림을 품고 조선을 찾는 것이다.

가장 먼저 인천에 거주하기 시작한 외국인은 일본인들이었다. 1876년부터 개항된 부산에서 거주하던 일본 상인들은 1880년 초부터 하나부사 일본 공사가 서울에 부임하면서 삼삼오오 인천으로 진출한다. 그들은 규슈지역 후쿠오카, 나가사키, 시모노세키 출신으로 무역상 일반 상인, 여관 해상운송업자로 새로운 시장을 찾아온 것이다.

청·일조계지 경계계단 | 淸·日租界地 境界階段
Border Stairs between Chinese and Japanese Settlements

이 지역은 1883년 일본 조계租界를 시작으로 1884년 청국 조계가 설치되는 경계 지역으로, 만국공원(현 자유공원)으로 연결되어 계단과 조경이 마련된 공간이다. 약 130년의 역사를 그대로 간직하고 있는 이 조계지 경계계단은 중앙에 석조 계단이 형성 되어 있고 양단을 중심으로 급한 경사의 힘을 감안하여 계단참을 두고 있다. 아울러 조경 식재 공간을 마련하여 인천항 경관을 여유롭게 즐길 수 있는 공간으로 이용할 수 있도록 한 것이 특징이다. 자유공원 서남쪽 가파른 언덕에 자리 잡고 있는 이 계단을 중심으로 청국과 일본의 건물들이 화려하게 서로 다른 양식으로 번화하게 들어서 있다. 청·일조계지 경계계단은 계단 자체의 가치보다 역사성 및 장소적 측면의 가치가 높다.

After the opening of Incheon Port in 1883, Qing China and Japan established settlements in Korea at Incheon in 1883 and 1884, respectively. These stone stairs form the border between the Chinese and Japanese settlements. The stairs are decorated with diverse exotic structures and plants, and landings are included to mitigate the steep slope. The area has a very unique atmosphere, with Chinese-style and Japanese-style buildings to either side of the stairs. In the vicinity is Incheon's Chinatown.

중국과 일본 조계지의 경계석

일본인, 중국인이 대부분이지만 파란 눈의 백인이 합법적으로 인천에 출현한 것은 1882년 12월에 입국한 독일인 묄렌도르프였다. 언어학자인 묄렌도르프는 중국에 왔다가 톈진의 독일 영사관 외교관으로 근무했다. 1882년 7월 조선에서 벌어진 군사 반란에 이홍장이 중국군을

번영의 차이나타운, 중국문화의 상징 빨간색

파견하며 제압한 뒤, 이 독일인을 조선 정부를 감독할 목적으로 외교 통상 고문으로 추천한 것이다. 그는 조선의 세관 통상 외교 업무 근대화에 기여하며 친러정책을 주장하기도 한다. 이때부터 중국의 영향력이 확대되고 산둥성 웨이하이 출신의 중국 상인이 대거 입국한다.

이듬해인 1883년 5월에는 조선 정부의 자존심을 살려주는 미국 초대 공사 푸트(Lucius Harward Foote, 1826~1913) 부부가 부임하면서 미 군함을 타고 인천항으로 입국한다. 공사 부인 로즈는 조선에 출현한 최초의 서양 여인으로 많은 화제를 몰고 다녔다. 인천에 머무는 어느 날, 거리 구경 차 장터에 나섰다가 놀란 조선인들이 몰려들었다. 로즈는 열악한 후진 지역을 자원한 여장부로 조선인들의 기

일·중 조계지 경계석, 한반도의 패권을 상징한다.

아와 질병 퇴치에 애쓰며 '노블리제 오블리주'를 몸소 실천하였다.

외국 상인과 거주자가 증가하면서 제물포항을 인접하여 개항장에 외인 거리가 조성된다. 외국인들은 집단 거주지의 안전과 치안을 요구하며 특별한 법적 권리를 요구한다. 치외법권을 인정하는 외국인 전용 거주지가 나라별로 지정되어 1883년 항구에 연한 응봉산 자락에 만들어진다.

개항 초기 조선 정부가 국제법적 지식과 국력이 부족한 공백을 이용해 열강은 조선의 관할권을 배제하는 특별지역을 설치한 것이다. 외교관과 외교공관에 대한 치외법권은 국제법상 공인된 권리이지만, 민간인과 그 거주지역을 치외법권 지역으로 하는 것은 선진열강이 후진국에게 강요한 제국주의적 수법이라 할 것이다.

복원된 개항 거리, 일본인 거리

응봉산 남쪽은 일본 조계지로 현재의 인천 중구청사(구 인천 시청) 건물을 신축하고 이곳에 일본 영사관과 경찰서와 감옥까지 설치한다. 이곳과 경계지를 이루며 서쪽으로 중국 조계지가 설치된다. 중국 영사관(현재는 화교 중산중학교)을 중심으로 현재의 차이나타운이 형성되었다.

일본과 중국 조계지는 마치 국경선으로 마주한 듯 조계지 경계석과 경계 계단을 두고 있었다. 양 지역은 각각 자국의 건축 주거 생활 문화를 형성하며 독특한 발전을 이룬다.

미국, 영국, 독일, 러시아 등도 조계지를 확보하였고, 영국과 러시아도 한반도의 영향력을 고려하여 각각 인천 올림포스 호텔 자리와 월미도에 영사관을 설치

중국인 거리, 공화춘, 중국 공화 혁명을 상징

한다. 독일인들은 묄렌도르프의 도움으
로 세창양행이라는 무역상사를 설치하
며 조선의 국제무역을 주도하였다.

조선 정부도 개항장의 특별행정관청
인 인천감리서를 설치하여 해관(세관)
출입국 사법권을 행사하나, 조계지의
관할권은 각국 별로 자국이 가지고 있
었다.

한반도의 패권을 반영하여 초기에는

일본 영사관에서 인천시청, 인천 중구청 청사로 변화

일본 중국의 조계지가 번창하지만, 청일전쟁에서 일본이 승리한 후에는 중국 상인이 감소하며 일본 상인이 주도권을 잡는다. 한일 강제 병합 이후 1914년 조계지는 조선총독부에 의해 폐지되고, 인천 일본 영사관은 인천

인천의 구 일본영사관 . 인천 중구 청사로 활용 중

부 청사, 해방 후에는 인천시청 청사로 활용되다가 현재는 인천 중구청이 입주하고 있다.

일본인들의 조계지에 남은 영사관 청사가 21세기 지방정부의 청사로 활용되고 영욕의 역사도 보존되고 있다. 일본 잔재를 청산한다는 1차원적 사고보다는 매우 현명한 처사인 듯하다.

1880년대 외래문화를 선도했던 개항장과 일본 조계지를 복원하며, 역사 문화 관광지로 발전시키고 있다. 중국 조계지는 시대 변화와 대중국 외교의 부침에 따라 차이나타운으로 변모하며 중국 문화센터, 화교학교, 짜장면 박물관이 설치되고 한중문화교류의 중심이 되고 있다.

과거의 영욕만 살펴보면 제국주의 침략의 산물인 조계지는 완전히 청산하고 도시 재개발로 나가야 하겠지만, 그것은 단순하며 유치한 발상이다. 역사적 복원과 재현으로 과거를 생생하게 기억하며, 그 교훈으로 미래를 구상하고 대비한다면 이러한 공간의 존재가치는 참으로 의미 있을 것이다.

시대는 흘러가도 역사는 남아있어 관광객과 지사들의 발길을 머물게 한다.

신록이 푸른 계절에 서해를 바라보며 인천 개항장과 조계지의 명암을 본다.

1885년, 개신교의 상륙

1883년 개항한 인천 제물포 포구에는 1885년 4월 5일 부활절 아침, 찬란한 태양을 바라보며 미국인 선교사 3명이 오랜 항해 끝에 도착한다. 그들은 20대의 젊은 미국인 아펜젤러(Henry Gerhard Appenzeller, 1858~1902년) 선교사 부부와

인천 항동, 아펜젤러 부부와 언더우드 선교사 기념상

언더우드(Horace Grant Underwood, 1859~1916년) 선교사였다. 이어서 한 달 뒤 5월 3일에는 윌리엄 스크랜턴(William Benton Scranton, 1856~1922년) 선교사가 부인과 어머니 매리 스크랜턴(Mary Fletcher Benton Scranton, 1832~1909년)과 함께 입국한다.

최초 입국 선교사, 매클레이

1882년 신헌과 슈펠트 제독 간에 인천 개항장에서 조미수교가 체결되었다. 조약은 조선인들에게 기독교의 포교는 금하지만, 입국한 미국인들의 신앙생활은 허용한다는 규정에 따라 선교의 공간이 열릴 수 있었다. 이런 기대에서 미국 기독교 감리교회와 장로교회가 이들 젊은 선교사를 선발해 교육을 마치고 미국에서 가장 먼 곳, 열악한 여건의 코리아에 파견한 것이다.

이들보다 먼저 1884년 6월 24일에 일본 주재 북장로회 선교사 매클레이가 입국한 후 미국 공사의 안내로 고종을 만난 후 귀국했다. 그리고 중국에 파견되었다가 선교지를 조선으로 바꾼 알렌 선교사가 1884년 9월 20일에 도착했다. 알렌은 정부 동향과 여론을 살펴보면서 미국공사관 공의 자격으로 의료사업에 집중하고 있었다.

그는 천주교의 전파가 조선에서 엄청난 이념 갈등을 조장해 사교(邪教)로 낙인찍

선교사이며 의사인 알렌, 개화기 조선의 최고 영향력자

히며 1866년에는 프랑스 신부 9명과 조선인 천주교 신자 수천 명이 살해당한 사실을 알고 있었다. 알렌은 영리하여 조선 정부의 허락을 받기 전에는 경솔하게 움직이지 않았다.

알렌의 접근 방식은 성공했다. 1884년 말 개화파에 의한 쿠데타가 안국동 우정국 청사 개청식에서 발생한다. 민비의 총애를 받던 조카 민영익이 개화파에 의해 온몸에 자상을 입고 죽을 지경에서 알렌이 서양식으로 치료하여 생명을 구하게 된다. 고종과 민비가 알렌의 서양 의술에 대한 깊은 관심과 미국 기독교에 대한 경계심이 누그러진 것이다.

1886년에는 조선과 불란서가 수교조약을 체결한다. 조선에서 천주교의 선교와 교인들의 신분 보호를 보장하면서 기독교 선교 문제도 자동적으로 해결된 것이다. 이 조항의 성립에는 알렌과 묄렌도르프의 후임 외교 고문 데니의 조언이 큰 기여를 했다. 알렌은 선교보다는 의사로 외교관으로 활동에 주력하여 동료 선교

개신교의 인천 상륙, 1885년

사들의 비난이 많았다. 그럼에도 불구하고 그의 활동이 기독교(개신교) 선교 공간을 합법적으로 열어준 것은 분명한 일이다.

한국기독교 역사에서는 1884년 입국한 선교사 매클레이와 알렌의 역할보다는 1885년 아펜젤러 부부와 언더우드 그리고 스크랜턴 모자가 본격적으로 기독교 선교에 기여한 것으로 평가하고 있다. 간략히 이들 선교사의 역동적 활동과 그 흔적을 살펴본다.

아펜젤러는 조선인들에게 근대교육과 기독교 인재를 육성하기 위해 1885년 조선 최초의 사립학교 배재학당을 정동 언덕에 설립했다. 신교육으로 영어를 가르치며 서재필이 강단에 섰다. 초대 대통령 이승만과 이상재 등 쟁쟁한 개화기 인재를 육성하고, 학생들의 신앙생활을 이끄는 정동제일교회를 창립하여 감리교회의 기원을 열었다.

언더우드 선교사는 뉴욕 출신으로 북장로교 선교사로 선발되며 의학을 전공

아펜젤러 부부, 배재학당 정동교회의 창시자

했다. 조선에 입국해서는 알렌이 원장으로
있던 광혜원(제중원)에서 진료했다. 정동
자택에서 예배를 했는데 이것이 한국 최초
의 장로교회 새문안교회의 출발이다. 교회
안에 고아들을 위한 학교 경신학교를 설립
한다. 경신학교의 대학부로 연희전문학교
를 설치하고 후에 세브란스 의학교를 통합
하여 연세대학교로 발전하게 된다.

윌리엄 스크랜턴은 의사로서 제중원에
근무하다가 동대문에 여성 전문병원 보구
여관을 설립하여 이것이 이화여대 동대문
부속병원의 모태가 된다. 어머니 매리 스

언더우드 선교사, 새문안교회와 연세대의 창시자

메리 스크랜턴과 아들 윌리엄 스크랜턴, 이화학당의 창시자

개신교 선교 100주년 기념탑, 인천 제물포항

크랜턴 선교사는 아들 윌리엄 스크랜턴과 함께 입국하여 여성의 교육과 선교에 집중한다. 그녀는 조선에 입국할 때 이미 53세로 그 당시로서는 노년이었다. 하지만 그녀는 열정적인 소명으로 서울 정동에 이화학당을 창설하고, 조선 5백 년간 소외된 여성 인권과 교육에 주력하며 이화여자대학으로 발전시키는 대단한 기여를 한다. 이들이 초기에 활동한 공간은 현재 이화여고 후문 정동의 공사관 거리였다.

　이화학당과 가까운 순화동에 민비에 의해 궁궐에서 쫓겨나온 엄 상궁의 친정이 있었다. 한가롭게 지내던 그녀는 가까운 이화학당에서 서양 여성들이 조선의 어린 여자아이들에게 공부시키는 것을 경이롭게 보고 있었다. "여자도 학교에 다닐 수 있고, 배움이 필요하구나!"

그녀는 민비시해사건 후 궁궐로 복귀해 러시아공사관에서 영친왕을 잉태하고 상궁 출신으로 실질적인 계비가 된다. 그녀는 여성 교육에 지대한 관심을 가지고 진명여학교, 숙명여학교를 설립하는데 소유 재산을 투자한다. 왕실의 지원으로 조선인에 의한 사립 여성 교육기관이 획기적으로 출발한 것이다.

미국의 젊은 선교사들이 1885년 입국한 제물포 포구 앞 중구 항동 현장이다. 이곳에 1985년 기독교 포교 100주년을 기념하는 기념탑과 그 자리에 백주년선교교회를 만들었다. 5백년 소외된 불교, 천주교의 수많은 희생, 난적으로 탄압받는 동학에 비해 개신교는 지혜로운 선교사의 의료와 교육을 앞에 세웠다. 그리고 미국 정부와 왕실의 지원으로 연착륙에 성공하였다. 1885년은 한국기독교가 제물포항에서 출발해 신기원을 열었다.

낙후된 조선, 대불호텔의 추억

인천 개항장 문화지구 사거리(구 일본 조계지)에는 미끈한 근대식 건축물이 서 있다. 대불호텔 전시관이라는 이 건물의 정체는 무엇일까?

개항된 인천 제물포항에는 1880년 말부터 외국인의 입국이 증가한다. 새로운

복원된 한국 최초 호텔 인천 대불호텔

일자리를 찾아 입국하는 일본 상인과 중국 상인이 대부분이나, 1882년 조미수교 후에는 서양인 여행객도 서서히 증가한다. 이들이 이구동성으로 지적하는 것은 "조선에는 여행객을 위한 숙박시설 호텔이 없으며, 바퀴 달린 수레 같은 것이 전혀 없어 불편"하다는 것이었다.

조선은 내국인의 여행을 권장하거나 관광이란 개념이 없는 극소수 양반들만의 나라였다. 고작해야 고위 관리들이 부임지로 이동하거나, 한양으로 과거시험을 치르러 소수의 양반들이 이동하는 극히 폐쇄적인 국가였다. 중국 사신과 이동하는 군사나 관리들을 위해서는 역(驛)이나 원(院, 홍제원, 이태원)을 운영하지만, 시설은 매우 부실하였다. 민간의 이동에는 주막집이나 객관을 이용하는데, 시설은 쾌적하거나 위생적인 것들은 전혀 고려되지 못했다. 평민들은 군역에 매달려 이동 제한을 당하고 주거지를 벗어나는 것은 금기시되었다.

따라서 인천항에 도착한 외국인들이 숙소를 찾아서 느끼는 감정은 공포 그 자체였다. 19세기 후반 조선에 설치된 각국 공사관은 공사관과 영사관에 자국민을 위한 숙소를 설치하거나, 고급 관리의 경우 공사의 관저에서 머물도록 할 수밖에 없었다.

1904년 무렵 제물포 시내를 바라보는 선비

1884년 9월 선교사로 최초 입국한 알렌(Allen)의 일기에는 "빈약하고 불결한 작은 항구에 내려 숙소를 찾아 갔다. 일본식 가옥의 이층, 딱딱한 당구대 같은 곳에서 하룻밤을 묵었다."라고 적혀있다.

1884년 미국 동양함대 소속 군함 쥬니아타(USS Juniata)호가 인천항에 입항한다. 해군 군의관 조지 우즈(George W Woods, 1858~1932)가 상륙하여 인천

구경에 나선다,

"초라한 집 사이로 막 지어진 일본식 여관 건물을 보았다. 2층 목조 가옥으로 간판이 대불호텔(Daibutsu Hotel)이라 적혀있었다."

1885년 4월 5일 도착한 배재학당 설립자 아펜젤러(H.G Appenzellor) 선교사는 비망록에서 "끝없이 지껄이고 고함치는 일본인, 중국인, 그리고 한국인들 한복판에 짐들이 옮겨졌다. 다이부츠라는 호텔로 향했다. 놀랍게도 일본어나 조선어가 아닌 영어로 손님을 편하게 모시고 있었다"라고 회상한다.

대불(大佛)호텔은 부산에 거주하며 해운업에 종사하던 나가사키 출신 일본 상인 호리 히사타로가 인천으로 이주해 신축한 조선 최초의 호텔이었다. 호리 히사타로는 서양인 여행객이 증가했으나 인천에 변변한 숙박시설이 없는 점을 보아 미래 전망을 보고 투자한 것이다. 그는 체구가 커서 외국인들은 그를 거인(巨人)

조선의 최초 호텔 대불호텔, 외국인의 집결지 역할

이라 부르고 이 호텔의 별명은 '자이언트(Giant)호텔'이었다.

　1888년에는 붉은 벽돌로 서양식 3층 건물로 증개축된다. 대다수 외국 여행객들은 신축된 대불호텔에 숙박한 경험담을 여행기에 쓰고 있다. 성업을 하던 대불호텔은 1899년 중대한 변화를 겪는다. 경인 철도가 1899년 제물포에서 노량진까지 개통되면서 손님이 급격히 줄어든 것이다. 외국인 여행객은 인천에서 숙박할 필요 없이 인천항에서 내려, 바로 철도로 갈아타고 2시간이면 서울에 도착할 수 있었기 때문이다.

　대불호텔은 1919년 중국인에게 양도되어 유명한 중화요리 식당 중화루(中華樓)로 번창하다가 1978년 철거된다. 개항장 사거리 요지에 자리 잡은 이 땅을 인천시가 매입해 2018년에 대불호텔의 옛 모습으로 화려하게 재현하여 관광객을 맞고 있다.

1899년 경인선 개통 행사

일본인의 자본주의적 사고와 상업적 안목은 이미 1880년대 초부터 일본을 넘어 조선과 만주, 산둥반도에까지 확대되고 있던 것이다.

이 호텔 맞은편에 중국인 이태가 건립한 스튜워드호텔(Steward Hotel)이 후에 지어져 개항장 거리의 양대 호텔로 성업한다. 개항장 근거리에는 프랑스인 보에르(J Boher)도 터미너스호텔을 건립하고, 헝가리인이 경영하는 꼬레호텔(Hotel de Coree)과 오리엔탈호텔까지 신축되면서 인천항은 외래문화의 중요한 출입구가 되며 번영을 누린다.

더욱 중요한 통신 인프라의 도입을 보자. 1883년에 부산–시모노세키 해저전선과 1885년에 서울–부산 간 남로전선이 일본에 의해 가설되면서 서울–도쿄 간에 당일 통화권이 가능해졌다. 서울에서 벌어지는 정국 상황과 변화를 일본 도쿄에서 당일 입수하고 언론에 보도되며 조선 상황을 꿰뚫고 있었다. 청국 군사 동향

번화한 개항지 호텔가

1970년대 대불호텔 전경

과 동학교도의 움직임을 일본 대본영에서는 손바닥 읽듯이 다 알고 있었다. 전쟁의 승리는 이미 확보된 것이나 다름없었다.

개혁의 불길, 경인 철도 슬픈 운명

　개화기의 흔적을 거리에서 찾아보며 느낀 소회 중의 으뜸은 근대화 시기 철도라는 교통혁명의 파급력이었다. 속도 혁명의 파고가 대중 속에 파고들어 오랫동안 고갈된 조선인의 나태한 정신을 일거에 바꾸어 놓았다.

　영국에서 1830년 출현한 철도는 40년 늦은 1872년 일본에 도입된다. 중국은 50년 지난 1881년, 그리고 조선은 70년 지난 1899년에야 철도의 개통이 이루어진다. 철도개통의 시차가 동북아 세 나라의 운명을 갈랐다고 해도 과언은 아니었다. 운명의 철길은 어떻게 만들어졌을까?

　1898년 9월 18일 오전 9시 노량진역에서 인천 제물포까지 철도가 개통되며 조선은 산업혁명의 총아인 철도를 최초로 접하게 된다. 기차의 시속은 20~30킬로였고, 중간역은 4개소, 총 33km 구간을 1시간 40분 만에 주파했다. 가마를 타

경인 철도, 최초의 기차 모형

거나 조랑말로 12시간 소요되던 인천 백리 길을 2시간 내에 도착하니 모두가 경악했다. 조선인들은 그 스피드에 얼마나 놀랐는지 '철로 만들어진 말, 철마(鐵馬)', '불을 뿜어내는 수레 화륜거(火輪車)'라 표현한다.

독립신문에는 "구르는 소리가 우레 같아 천지가 진동하고, 굴뚝 연기는 공중에 솟아오르더라! 화륜거 속에 앉아 창을 보니 산천초목이 다 달리는 것 같고, 나는 새도 미처 따르지 못 하더라!"라는 뉴스가 실렸다.

1830년 9월 15일 영국에서 조지 스티븐슨이 발명한 증기기관차 로켓호가 승객 36명을 태우고 리버풀—맨체스터 50km 구간을 시속 47km로 달렸다. 서양에서도 철도의 도래는 그 자체가 혁명의 상징이었다. 지리적 한계를 넘어서는 국력의 상징이었고 생활에 혁명적 변화를 일으킨다.

철도의 개통으로 서양인들은 자유로운 이동이 가능해졌고 신선한 해산물과 채소 과일을 맛볼 수 있었다. 대량 제조된 직물과 의류 공산품의 유통으로 국민들의 생활 수준은 대폭 상승한다. 1840년대에는 프랑스 독일로 보급된 철도는 러시아 대륙을 건너 미대륙 캐나다 인도로 확산되어 벌써 1만km가 건설되었고 영국 런던에는 1868년 지하철까지 개통되었다.

상대적으로 철도 도입이 늦었던 일본은 어떻게 철도의 최고 선진국이 되었을까?

일본에는 특별한 철도 DNA가 있었다. 메이지유신 초기부터 철도건설을 국가적 최우선 과제로 추진하였고, 최고 인력이 있었던 것이다. 1871년에 대규모의 구미시찰단(이와쿠라 사절단)이 18개월간 미국 횡단철도와 영국의 철도, 지하철을 견문하며 '부국강병의 길은 철도건설에 달렸다'라며 국가과제로 제시하며 최우선으로 추진된다. 하급 무사 출신인 이노우에 마사루(1843~1910)라는 선구자가 밀항하여 영국에서 광산철도학을 전공하고 1868년에 귀국한다. 그는 귀국 후부터 영국의 투자를 유치하고 철도건설을 기획하며 일생을 철도건설에 매진하여 '일본철도의 아버지'라 불리는 인물이다. 1872년 도쿄 신바시—요코하마 간, 교토—오사카 간 철도가 동시에 개통된다. 아시아에서 최고의 인프라가 되는 일본철도의 출발이다.

당시 조선은 대원군이 프랑스와 미국의 수교 요구에 국가의 문을 굳게 닫고, 보수 유생들은 위정척사를 외치며 오로지 중국만을 바라보고, 하인들이 메고 다니는 가마나 타고 다니며 행세하던 시절이었다.

중국에서도 10년 뒤인 1881년 철도가 도입되었다. 조선은 그로부터 약 20년 뒤인 1898년에야 경인 철도가 개설되는 것이다.

조선이 철도를 자력으로 조기에 도입할 기회는 없었을까?

조일 수교(1876년) 후에 김기수 일행이 친선사절로 1877년 일본을 방문하여 가장 놀란 것이 우렁찬 기적소리를 내며 비호처럼 내달리는 철도였다. 김기수는 '일동기유(日東記遊)'에서 "앞차의 두 바퀴가 구르면 우레처럼 번개처럼 달리고 바람과 비처럼 날뛰었다. 한 시간에 300리~400리를 달린다"라고 표현한다. 이것이 보고에 그치고 실천 방안을 만들지 못했다.

1880년 2차 수신사 김홍집, 개화파 김옥균과 박영효의 일본 시찰도 철도라는 것의 가치를 아는 데 한계가 있었다. 1883년 출국한 미국 보빙사 민영익은 미국, 유럽을 1년간 시찰하며 산업시설, 군함, 철도 등 많은 과학기술의 성과를 목격하고도 개혁은커녕 수구로 회귀해 버린다. 고종과 민씨 정권은 반란과 정변 등 권력 투쟁의 반복 속에 자력으로 철도 도입의 기회를 놓치고 산업혁명의 대열에서 탈락하게 된다.

1883년 인천이 개항되며 일본의 근대 상인이 몰려온다. 그들은 석탄 증기선을 이용해 인천−부산, 인천−서울, 인천−진남포(평양) 항로를 개척하며 본격적인 연안 운송의 해운업에 진출한다. 인천−서울 간을 강화도해협을 거쳐 한강 수로로 용산에 7~8시간 만에 도착하는 것이다. 대량 수송이 가능해지고 시간이 절약되었지만 주로 외국인이 이용하며 계절적으로 제약이 많았다.

1884년 민영익을 안내하여 구미 각국을 동행한 미 해군 장교 포크(George C.

Foulk)가 조선에 도착하여 미 공사관에 부임했다. 해군 무관으로 근무했던 포크는 조선어를 말할 수 있는 최초의 미국인이었다. 그는 1884년 말 민영익의 호의로 삼남지역을 여행하는데 사람이 어깨에 메고 다니는 가마를 타고 충청도까지 이동했다. 철도와 증기선, 군함 등 근대 교통수단을 경험한 미국 군인이 사람이 들고 다니는 가마를 타고 이동했으니 그것은 마치 고대사회로 돌아간 것이었다.

"조선이라는 나라에는 굴러다니는 바퀴 같은 것을 볼 수가 없다. 사람이 들고 다니는 가마나 조랑말이 고작이다"라 말한다. 서양인의 눈으로 탐관오리의 행태와 양반의 실태를 목격하면서 "조선은 하층민을 상대로 한 양반과 지주들의 거대한 약탈국가였다"라고도 말한다.

1894년 청일전쟁을 전후하여 인천─서울 간에 사람과 물자의 이동이 대폭 증가하였다. 경인 간 철도부설권은 막대한 이익이 남을 것으로 예상되면서 미국의

인천 우각현의 경인 철도 착공식

기업인 모스(J.R.Morse)가 눈독을 들였다. 열강의 이권 쟁탈에 미국 공사 알렌도 가세하여 모스가 1896년 이권을 획득했다. 헐값으로 미국에 철도부설권 양도에 반대한 인물은 선각자인 독립신문 발행인 서재필이 유일했다. 토지조사와 측량이 시작되고 인천 우각현(현재 도원역) 부근에서 인천 주재 외교관과 정부 관민이 모여 역사적인 착공식을 거행했다. 조선인들은 민비의 국상 중이라 모두 흰 옷을 입고 참석했다. 미국 일리노이주 제철소의 궤도가 부설되기도 했으나 자금조달 실패로 공사가 지연되었다.

1899년 모스는 일본 정부의 재정지원을 받는 시부사와 에이치의 경인철도합자회사에 이를 양도했다. 일본의 자본과 기술로 1899년 경인 철도가 완공된 것이다. 1900년 7월 5일에는 난공사 구간이었던 한강 교량을 완공해 그해 11월 12일 서대문역(현재 이화여고 앞)에서 성대한 준공식을 열었다.

서대문역(경성역) 모형

서대문역(경성역) 전경, 오른쪽이 서대문 정동

종로 도심 접근의 편의를 위해 철길이 이화여고 정문 앞(경찰청 앞)으로 연장되면서, 서대문역이 생겨났고 이를 경성역이라고 불렀다. 외국인들은 서대문을 거쳐 정동 공사관 거리로 직행할 수 있었다. 경성역(서대문역) 주변에는 외국인을 위한 호텔과 레스토랑 상점이 개설되어 번화가를 이루었고 철도관사와 시설들의 잔영이 남아있게 되었다.

번성하던 서대문역은 일본인들이 남산 밑 진고개 명동 충무로 일대에 집단 거주지를 이루고 주로 남대문역을 이용함에 따라 1919년 폐쇄되고

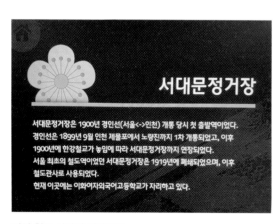

경인 철도 시발역 서대문역

번영은 남대문역으로 넘어간다. 남대문역이 경성역의 이름을 승계하여 현재의 서울역이 되는 것이다.

조선에는 깜짝 놀랄 교통혁명이었지만 자력으로 만들지 못한 불구의 혁명이었고, 일본에는 해외 진출의 교두보이며 제국주의 침략의 길을 확대한 것이다.

조선 철도는 이어서 경부선 경의선으로 확대되면서 일본철도와 제국주의가 대륙 진출을 가속하는 주요 루트가 되었다. 조선 철도의 슬픈 운명은 이렇게 시작되었다.

08

신세계 환타지

.
.

연해주행 탈출, 환희와 통곡
하와이 이민, 지상낙원–고난의 길

연해주행 탈출, 환희와 통곡

정든 고향, 내 나라 밖으로 나가면 곧 죽음과도 같이 생각하며 한반도에 갇혀 살던 보수적 조선인들이었다. 그들이 1860년대 들어 고향을 등지고 나라 밖으로 떠나기 시작했다. 그리고 조선을 떠나 연해주로 간 조선인 김인승이 1875년 일본 동경에 나타났다.

그는 언제 어떻게 해서 러시아 연해주로 갔을까? 러시아에서 일찍 개화된 그가 왜 동경으로 가서 외무성 고문이 되어 활동하며 제1호의 친일 인물로 낙인찍혔을까?

월미도 이민사박물관

구한말에 조선을 4번이나 방문한 세계적 여행가이며 지리학자인 이사벨라 비숍(1831~1904)의 조선인에 대한 평가는 매우 냉혹했다. 그러나 비숍은 연해주 한인촌을 방문한 후 상당히 긍정적인 면으로 변화했다. 어디에서 무엇을 보고 난 후이 세계적인 석학의 평가가 바뀐 것일까?

이것은 현재 한국의 발전과도 연결되는 중요한 지적일 수 있다. 근대화의 출발, 친일 문제, 사회주의 혁명과 조선의 정체성에 관해 새로운 관점에서 답사를 정리해 보기로 했다.

철종 말년, 1863년 함경북도에 홍수와 흉작으로 인해 대기근이 몰려왔다. 국가의 도움 없이는 극복할 수 없는 혹독한 재난이었다. 그러나 관아에서는 세금과 군역을 무겁게 부과하며 배고픈 백성을 수탈했다.

이 봉건적 수탈과 기아를 피해 함경도 무산 출신의 최운보와 경흥 출신의 양응범이 13가구 60여 명을 이끌고 두만강을 도강하여 러시아 연해주 포시에트로 탈출했다. 그들을 발견한 국경초소 책임자 레자노프 중위는 이 사실을 상부에 보고

연해주로 이주한 한인 가족

했다. 1864년 1월 임시로 이주를 허가하며 기아를 면하도록 군용 밀가루를 대여하고 구호 대책을 수립했다.

이들 조선 농민 13가구가 남부 연해주 비옥한 땅에 최초의 한인 정착촌 지신허(地新墟, 새로운 땅) 부락을 건설한다. 이로써 한민족의 식량과 자유를 향한 러시아 탈출과 이민이 시작되었다.

이는 1876년 일본과의 수교보다 13년 빠른 근대 문명과의 접촉이었으며, 하와이 이민 1903년보다 40년 먼저 이루어진 해외 이주였다.

원래 연해주 땅은 한민족의 선조 부여와 옥저의 땅이었고, 고구려의 동쪽 영토였으며 발해의 땅이었다. 발해가 거란족에 패망한 후 이 땅은 만주족(여진족)이 차지했으나 누르하치가 명나라를 치고 중원으로 이동하면서 인적이 사라져 무인지대화되었다. 청나라도 이 땅은 그들의 조상의 발원지라 하여 출입을 금하고 있던 금단의 땅이었다.

북쪽의 러시아가 몽골제국의 지배를 벗어나면서 중흥하여 16세기 말부터 우랄산맥을 넘어 동쪽 시베리아로 진출한다. 강력한 군사력을 바탕으로 거침없이 영토를 확장하며 동아시아의 패권국 청나라와 격돌한다. 1858년에는 아이훈조약을 체결해 흑룡강 이북을 점령하더니, 1860년 베이징조약으로 연해주지역을 할양받는다. 마침내 두만강을 경계로 조선과 국경을 접하게 된다. 세계의 열강으로 군사력과 경제 문화면에서 일등 국가인 러시아제국이 조선 역사에 출현하는 것이다.

러시아는 새로 쟁취한 이 극동(極東, 遠東) 지역을 '바다와 접해있는 지역, 연해주(沿海州, 프리모르스키)'라 명명하고 군대를 배치한다. 수도 상트페테르부르크와는 거리가 너무 멀어 러시아인은 기피하는 허허벌판이었다. 그러나 두만강 하류의 함경도인들에게는 여름 농사를 짓거나 수렵과 나무를 채취하러 수시로 드나들던 익숙한 활동 무대였다.

이어지는 조선인의 이주 행렬은 1864년 60가구, 1865년 65가구, 1867년에는 경흥군 두 마을 주민 전체 150가구가 소 60여 마리 말 30여 필을 끌고 국경을 넘었다. 이주 행렬에는 농민과 노비 등 하층민 외에도 군인, 학자, 관리, 무당까지 포함되어 새로운 희망을 찾아 모든 계급에서 탈주하고 있었다.

조선 중앙정부에서는 군역 자원의 감소를 막고 국경 지역이 공동화하는 것을 방지하기 위해 대책을 강구한다. 군사를 증강하고 경비와 단속 처벌을 강화하는 조치를 취하지만 생사를 걸고 탈출하는 이들을 막는 것은 불가능했다.

조선에서는 이들을 유민(流民)이라 판단하고, 관리를 파견하여 지신허의 이주민에게 귀환을 종용했으나, 탈주자들은 비옥한 땅과 연해주의 자유를 버릴 수 없어 귀국을 단호히 거부했다.

1860년대 중반 흥선대원군의 쇄국정책이 강력히 시행되고 있을 때였다.

연해주 한인 중 러시아 국적을 취득한 사람은 러시아의 문화와 관습을 받아들여 상투를 잘랐다. 기독교(러시아 정교)를 받아들이며 개혁 개방의 물결 속에 접어들었다. 러시아제국도 인구가 희박한 극동의 지역개발과 활성화를 위해 조선인들의 귀화를 허용하고 지원했다.

한인 정착촌의 초기 이민 가족

1869년에도 대탈출이 이어진다. 대흉년과 기근으로 6,500여 명의 대규모 함경도 농민들이 연해주로 탈출하는 사태가 벌어진다. 이들 속에 후일 연해주의 최고의 근대 기업가이며 해운업으로 독립운동의 대부가 되는 두 사람이 있었다. 9세의 최재형(1860~1920)과 10세의 최봉준(1859~1917)이 아버지 손을 잡고 두만강을 건너간다.

연해주 지신허와 연추(얀치혜)지역을 필두로 한인(카레이스키, 연해주에서는 고려인이라 함) 개척촌이 속속 들어선다. 한인들은 소작과 벌목, 항만노동, 건설 현장 인부로 근무하며 생계를 꾸려나간다. 이들은 러시아 국적을 획득하면 가구당 5만 평의 토지를 경작할 권리를 얻었다. 그들은 학교를 세우고 조선의 식자층을 불러 들여 학습하며 러시아어를 익혔다.

조기 적응에 성공한 이들을 중심으로 연해주에 주둔하는 러시아 군부대에 식량 납품과 한우의 조달을 전담한다. 봉건 조선의 굴레를 벗어난 한인들은 군부대 건설, 도로공사의 근대적 상공업 활동에 기여하며 상당한 부를 축적하기 시작했다. 연해주 러시아 군부대는 급식용 생우를 매월 250~300마리씩 조선으로부터 수입하여야 했다. 1877년에는 한우 수입 9,350마리 1881년 무역 규모가 45만 루블에 이르렀다.

1870년경 이들 탈출자에 섞여 야망에 가득 찬 함경도 경흥 관리 출신 김인승이 한인 부락을 거쳐 블라디보스토크로 이동해 왔다. 김인승은 개방된 블라디보스토크에서 일본인 유학생 다케후지 헤이카쿠, 일본 무역사무소의 외교관 세와키 히사토와 교류하며 1875년 7월 세와키를 따라 일본에 입국했다.

일본 외무성과 고용계약을 맺은 김인승은 조선 정세 파악과 지도 제작에 조력하였다. 1876년에는 강화도 수교조약을 맺는 운양호에 탑승하여 조약체결과정에 참여한 후 동경으로 돌아와 다시 블라디보스토크로 귀환한다.

김인승은 양반 지식인으로 상투를 자르고 일본에 입국한 최초의 조선인이 되었다. 그의 행위는 결과적으로 일본의 조선 침략에 도움이 되어 친일 인사로 분류

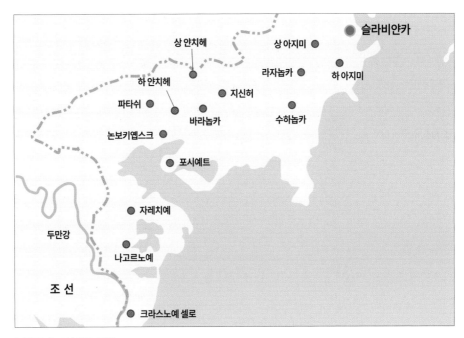

두만강과 포시에트 지역

되는데, 개화기 조선이 그의 지식을 활용하지 못한 것이 매우 아쉬울 뿐이다.

연해주는 한인(고려인)에게 신세계이며 기회의 땅으로 변하고 있었다. 군납과 무역에 종사하여 성공한 대표적 인사가 최재형과 최봉준 등 근대 기업가들이었다. 1884년 조선과 러시아 간에 수교가 이루어지며 통상과 통행의 자유가 확보되며 교역은 확대된다.

군수물자 납품과 건설업에 종사하게 된 최재형은 러시아 국적을 취득하고 사업이 커지며 연해주 최고의 재력가가 된다. 연추(얀치헤)에 서양식 집을 짓고 한인 부락마다 러시아식 학교와 교회당을 건립하여 교육과 문화사업에 매진하였다. 연해주의 개발에 기여한 공로로 최재형은 한인 자치촌의 촌장으로 임용되며, 1896년 러시아 황제 니콜라이 2세 대관식에 연해주 대표로 참석하는 명사가 되었다.

최봉준도 한우 수입과 조달을 독점하여 막대한 부를 축적한다. 일본에서 증기선을 도입하고 블라디보스토크와 원산, 성진, 부산, 일본까지 운행하는 해운업에 종사하며 동해의 무역왕이라 불리던 근대 기업가였다.

이들이 왕성한 활동을 하던 시기는 1880년대부터 1904년 러일전쟁 특수까지 이어진다. 1896년 아관파천 이후에는 50여 명의 연해주 한인이 통역과 외교, 사업가로 조선에 입국하여 활동한다. 조선에서 도망해 나간 천민과 평민이 실력으로 계급의 굴레를 벗어나 금의환향한 것이다.

1894년 이사벨라 비숍은 연추(안치헤)의 최재형의 서양식 가옥과 한인 부락을 방문했다.

"양반계급의 착취와 관의 가혹한 세금으로 약탈당하는 조선 민중은 늘 가난할 수밖에 없었다. 그들은 일본인과 비교해 볼 때 게으르고 가난하며 항상 남을 의심하며, 더럽고 비위생적이었다." 그러나 그녀는 러시아 연해주를 방문한 후 "러시아에서 만난 조선인들은 부지런하고 활력에 차 있고, 위생적이고 깨끗한 서양식 집에서 근대교육을 받고 러시아 정교를 믿고 있었다"라고 언급한 것이다.

여기서 그녀는 "조선인들도 여건만 바뀌면 근면하고 검소해 부를 축적하고 근대적 산업 국가로 발전할 수 있음"을 확인한다. 조선인의 미래에 대하여 긍정적 견해를 갖게 되는 것이다.

1907년 조선이 외교권을 박탈당하며 연추(얀치혜) 최재형의 집에는 조선의 안중근, 홍범도, 이동녕, 이상설 등 많은 망명객들이 머물며 의병 운동과 독립운동의 근거지가 되었다.

최재형, 최봉준 등 연해주 기업가들의 지원으로 한인 학교와 신문을 창간하고 독립운동의 횃불이 타올랐다. 안중근 열사도 최재형의 집에서 이토 히로부미를 저격하는 기획과 훈련을 했으며, 많은 독립투사가 이곳을 근거지로 활동하게 된다. 최재형은 1919년 상해임시정부의 재정부장으로 선임된다.

노블리제 오블리주의 대명사로 거론되는 그들이었다. 그러나 1917년 러시아 혁명과 내전은 자본가(부르주아)인 그들의 입지를 흔들었다. 자본가로 몰려 급진 사회주의자들의 핍박이 시작된다. 설상가상으로 시베리아 내전을 빌미로 연해주에 출동한 일본군에 의해 연해주 독립운동가들은 체포 구금 처형되어 만주로 피신해야 했다. 1920년 4월 4일 피신을 거부한 최재형은 연추의 집에서 일본군에 의해 총살당하고 전 가족이 고난에 처한다.

17년 후 연해주 한인에게는 더욱 참혹한 시련이 몰아친다. 연해주 한인(고려인, 카레이스키)에게 일본의 스파이라는 누명과 황인종 불신론을 내건 스탈린의 잔혹한 강압 조치가 취해진다. 1937년 연해주 한인 18만 명이 집과 재산을 잃고 하루아침에 중앙아시아로 강제로 이주당한다. 이주를 전후하여 희생자가 1만 명 이상이나 발생했다. 참혹한 디아스포라로 연해주 고려인 개척 시대는 서러운 막을 내린다.

강제 유배를 경험한 러시아 소설가 솔제니친의 소설 '이반데니소비치의 하루'에서 그 참상이 잠시 언급되었다. 이후 50년이 지나도록 소련이 해체될 때까지 우리 역사는 이 사실을 모르고 있었다.

키르기스스탄으로 쫓겨난 딸에게 의탁해 살던 최재형의 부인 김 엘레나가 1952년 비슈케크 공동묘지에 묻혔다. 70년 이국을 떠돌던 김 엘레나는 2023년 8월 국립 현충원의 최재형 묘소에 합장되며 혼이 되어 조국에 돌아왔다.

연해주 고려인, 그들은 조선 정부에 버림받고, 러시아에서 근대의 횃불로 타올랐다. 일본제국주의에 쫓기며, 소비에트 러시아에 의해 중앙아시아로 추방당하는 통곡의 운명을 맞았다. 그들은 사막의 땅 중앙아시아에서 산산조각 흩어지면서도 끈질기게 생존했다.

한반도로 회귀하여 부활하는 연해주 고려인, 그 개척정신은 정의로운 역사를 바라는 나그네의 기대와 꿈을 저버리지 말아야 할 터인데…

후각이 예민한 마약 탐지견처럼 근대사의 희미한 흔적을 찾아 도심의 구석구석을 헤집고 다녔다. 이제 우리의 발길도 인천 월미도 해안가에 이르렀다.

석양의 해가 장엄한 노을 속에 서해안의 수평선 너머로 사라지며 내일을 기약하고 있다.

경인 전철 둔탁한 궤도 소리에 고개를 눕힌 우리는 다시 서울로 돌아간다.

하와이 이민, 지상낙원-고난의 길

　인천 월미도에는 '한국이민사박물관'이라는 한국의 이민 역사와 관련있는 공공 시설이 설립되어 있다. 국가적 성격의 박물관이 인천에 설립되었다는 것이 이채 롭다. 인천시 남구에는 1954년 설립된 '인하대학교(인천-하와이)'라는 인천과 하와 이 이민 관계를 보여주는 매우 상징적인 사립대학이 있다.

　개항 도시 인천은 구한말 해외 이민 역사와 무슨 관련이 있을까?

　함경북도 주민이 두만강 건너 연해주로 탈주하는 1863년부터의 기록이 있지 만, 그것은 정부의 허가를 받은 공식적인 출국은 아니었다. 공식적으로는 해외 이 민의 최초 출발지가 인천 제물포항이었다. 인천에서 개항 20년 만에 최초로 한인 노동 이민단 121명을 실은 일본 기선 겐카이마루(玄海丸)호가 1902년 12월 22일

월미도 소재 한국이민사박물관

인천 제물포항을 떠났다.

일본 나가사키에서 신체검사에 합격한 102명이 미국 기선 게릭(Gaelic)호를 타고 1903년 1월 12일 하와이 호놀룰루에 도착했다. 다시 입국 신체검사를 하고 합격한 86명이 상륙 허가를 받았다. 그중에는 동반가족 여성 16명, 어린이 22명이 포함되어 있었다.

1897년에 미국 공사로 임명된 알렌은 고종의 신임을 배경으로 조선의 각종 이권 사업 쟁취에 열을 올리고 있었다. 제국주의 시절 외교관의 역할이란 국가이익을 쟁취하는 첨병이었으니 알렌을 탓할 것도 아니다. 경인 철도 부설권, 평북 운산 금광 채굴권 등을 미국 사업자에게 양도하는데 막후 역할을 하며, 하와이 이민사업에도 깊은 관여를 했다. 1897년 알렌이 미국 공사로 임명되는 과정에 당시 오하이오 주지사였던 친구 내시(O, Nash)의 강력한 추천이 있었다. 미국에서 한국인 하와이 이민 사업권을 따낸 데쉴러(D,W, Deshler)는 주지사 내시의 양아들이었다.

이런 관계로 알렌은 이 사업에 관해 고종에게 "백성들을 하와이로 보내서 개척 사업과 신문화를 도입하도록 함이 조선의 바른 대책"이라고 강력하게 건의했다. 고종은 이에 이민업무와 여권 업무를 담당할 부서인 유민원을 설치해 책임자로 측근 민영환(閔泳煥)을 임명하였다. 하와이 이민을 권장하기 위해 광고전단을 뿌리고 홍보했으나 보수적 조선인들은 지원자가 한 사람도 없었다.

최초 이민선 게릭호

알렌 공사 부부, 하와이 이민의 중개자

조선에서 이루어진 이민 모집 광고에 '하와이는 추운 겨울이 없고 1년 내내 일할 수 있어 돈도 많이 벌 수 있는 지상낙원(Paradise)'이라고 적혀있다. '노동자의 월급이 미화 15달러(한화로 57원가량), 의식주와 의료경비를 고용주가 지원'이라고 말하며 이민알선업체 '동서개발회사'를 통해 서울, 인천, 평양, 원산, 부산 등 대도시에 배포했다.

이런 상황에서 알렌의 도움 요청을 받은 인천 내리감리교회의 선교사 존스가 홍보에 나서 인천 강화 경기지역을 중심으로 기독교인들이 지원하기 시작했다. 이민지원자의 반수 이상이 개신교 신자였고 인천지역에 거주하고 있었다.

그렇다면 왜 미국은 하와이에 한국 노동자를 수입하려 했을까?

광활한 대자연과 금광을 찾아 서부로 진출하는 미국은 멕시코와 전쟁을 벌여 캘리포니아를 1848년에 병합하였다. 그 눈을 태평양으로 돌려 1850년대부터 태

제물포항, 입국자와 출국자

평양의 중심 지역 하와이 왕국을 영향권으로 한 후, 사탕수수와 파인애플 농장(플랜테이션)을 대규모로 조성한다. 필요한 외국인 노동력은 1876년부터 중국인 노동자가 5천여 명 유입되고, 1885년부터는 일본인 노동자가 5만여 명 유입되었다. 고용계약이 끝나면서 중국인 노동자는 도시로 도주하고, 일본인 노동자는 조직적 파업을 일으키자 그 대안으로 고려한 것이 한국인 노동력 수입이었다. 하와이농장주협회의 의뢰를 받은 데쉴러가 주한 미국 공사 알렌과의 친분 관계를 이용해 한국의 이민사업을 전담하였다.

조선의 이민업무 부서 유민원에서 발행한 조선의 여권은 '집조(執照, 통행허가 증명서)'라는 명칭으로 현대 여권과 유사하나 사진이 없이 발급되었다. 한 면에는 한문(후에 한글로 바뀜)과 다른 면에는 영문과 불어로 기록되어 집조 소지자(여권 소지인)가 여행 중 각국의 편의를 바란다는 내용으로 발급되었다.

달콤한 과장광고와는 달리 하와이의 노동 여건은 매우 열악하였다.

이들은 일요일을 제외한 매일 새벽 6시부터 오후 4시 30분까지 점심시간을 빼고 10시간씩 노동해야 했으며 하루 임금은 50~80센트에 불과했다. 섭씨 35도가 넘는 뜨거운 태양 아래, 3~4미터가 넘는 사탕수수밭에서 허리를 구부리며 호미와 괭이로 온종일 작업했다. 작업복 가슴에는 죄수와 같이 번호를 달게 했으며 잠시라도 허리를 펴면 말탄 감독이 뒤에서 채찍으로 내려치곤 했다. 쇠사슬만 차지 않았을 뿐 노예와 다를 바가 없었다.

이후 1905년까지 64회에 걸쳐 7,415명이 하와이로 향하며 태평양을 향한 한국인의 진출은 눈물겹게 출발한다.

1954년 하와이 이민 50주년을 맞아 하와이 교포들의 성금과 이승만 대통령과 정부 지원으로 인천에 공과대학을 설치한다. 인천의 '仁' 자와 하와이의 '荷' 자를 선택해 인하공과대학이 출범하고 인하대학교로 발전하였다. 이들의 후손이 미대륙으로 진출하고 한미관계가 발전함에 따라 미국은 한인 200만 명이 거주하는 최대의 이민 국가가 되었다. 고난 속의 하와이 이민은 알렌이 예견한 대로 우여곡절 속에 문명개척과 신문화를 도입하는 계기가 되었다.

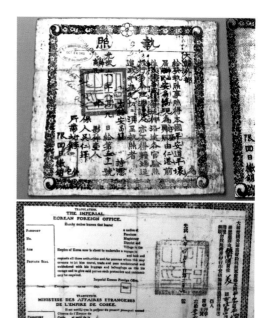

조선의 최초 여권 집조

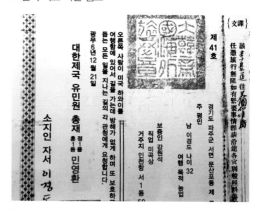

한글판 여권. 유민원(여권부) 민영환의 직인

하와이 사탕수수밭, 고통 속의 노동 한인 노동자

해외 이민의 상징물. 한국이민사박물관

09

청와대 단상

청와대 정문, 대통령집무실, 북악산

북악의 새벽, 추억 속으로!

새 정부가 들어서기도 전에 대통령 집무실이 종로구 세종로 1번지 청와대를 떠나 용산으로 떠난다는 사실이 쉽게 받아들여지지 않았다. 한때 수도를 충청권으로 옮기려 했던 노무현 정부의 무모한 계획이 상기되었다. 헌법재판소는 "서울

북악에서 본 경복궁

이 역사적으로 수도라는 것은 국민적 정서이며 오랜 관행이라 헌법개정 없이 수도 이전은 위헌"이라는 결정을 내렸다. 그때의 안도감을 다시 한번 흔드는 어두운 감정이 깊은 곳에서 솟구치는 이유는 무엇 때문이었을까!

한동안 연출된 청와대 개방행사는 일부러 외면했다. 소중하게 감춰둔 일생의 보물이 갑자기 햇빛에 노출되었다는 그 안타까움 때문이었을까?

영원불변한 진리는 없다. 그에 따라 세상의 이치도 변한다. 권력의 주체가 바뀌었는데…

이렇게 받아들여 보는 게 마음 편한 것이겠다. 게다가 내 어린 시절 추억의 산 북악산을 제약 없이 오를 수 있다는 작은 당근도 있지 않은가!

북악산에서 보이는 안개 낀 남산

금단의 산 북악산에 올라보자!

첫 지하철을 타고 한적한 경복궁역에 내렸다. 새벽부터 경복궁 서쪽 궁궐 담 옆길을 걷기 시작했다. 고적한 은행나무 사이로 경복궁의 단아한 돌담은 아직도 아득히 높아만 보였다. 고궁 길은 적막에 감싸여 있고, 주변 건물은 전부 문이 굳게 잠겨있다.

"어떻게 오셨습니까? 신분증 좀 보여주실까요?" 그러나 검문을 해야 할 경찰관은 한 사람도 보이지 않는다. 이 거리가 터질 듯 대통령 탄핵과 하야를 외치던 그 인파들은 어디로 가버린 것일까? 길 건너 통의동 파출소에도 불빛이 보이지 않는다.

북악산 정상 바위. 방공포가 설치되었으나 철거됨

가벼운 산책 차림의 젊은 여성이 적막을 깨고 경복궁 옆 문 속으로 경쾌하게 사라진다.

과연 이곳이 대한민국 대통령이 집무하는 청와대 가는 길이었던가?

1960년대 초 중학교 시절 동네 친구들과 북악산에 올라 삼청공원 쪽으로 내려온 기억이 있다. 지금과 같은 엄한 입산 통제는 전혀 없었다. 청와대 앞으로 통행도 자유로웠다.

삼청공원 북쪽 계곡에는 깊고 맑은 계곡이 있어 옷 벗고 목욕도 했다.

청와대 관저는 지금보다 훨씬 작았고 민가들이 외곽에 붙어있었다. 철조망은 낮았고 동네 개구쟁이들은 청와대 숲으로 넘나들며 놀다가 쫓겨나오기도 했다.

북악산 도성길에서 조망되는 북한산 능선

권력과 시민이 긴장을 풀고 가까이 숨 쉬고 있었다.

1968년 1월 21일 세상은 돌변한다. 북한의 민족보위성 소속 특수부대 124군부대(일명 김신조 부대) 요원 31명이 1월 18일 청와대를 습격하기 위해 민간인으로 위장하고 휴전선을 넘어 침투한다. 북한판 '참수 부대'였다.

그 들은 임진강을 건너 앵무봉, 북한산 산악을 타고 들어 3일 만인 1월 21일 밤 10시 자하문(창의문) 일대에서 그 모습을 나타낸다. 미군과 육군 관할 경비 지역을 넘어 최초로 포착된 곳이 종로경찰서 세검정파출소 자하문초소였다. 현장에 출동해 경찰부대를 이끌고 싸우다 장렬하게 전사한 분이 종로경찰서장 최규식 경무관과 경찰관들이었다.

청와대 정문의 금송. 최고의 나무가 권력을 상징했다.

청와대 비서실 앞. 연풍문. 문민화의 상징

전투가 벌어져 무장 공비 31명 중 28명이 사살되고, 1명 생포(김신조) 2명은 북한으로 복귀한 것으로 발표되었다.

이것이 이른바 '1.21 무장공비 침투사건'이다.

국지전이나, 전쟁이라도 선포해야 할 사건이련만 박정희 대통령과 미국은 어떻게 이를 참아냈을지...

아마도 당시는 북한에 비해 군사력이 열세하여 도발에 응수하다가는 전면전을 감당하기 어려웠을 것이다. 작전권을 가진 미국은 월남전의 늪에 빠져 동시에 두 지역에서 전쟁을 치를 형편이 아니었으리라 추측해 본다.

이후 북악산과 인왕산 일대는 엄격한 출입 통제와 철통같은 군사시설이 보강된다. 주변 민간 지역은 경찰의 정보 경계 활동이 강화된다. 향토예비군과 전투경찰대가 창설된다. 이때부터 북악산과 청와대는 우리 곁을 떠나 아득히 먼 시선 속에 상상 속에 머물게 된다.

개방으로 일신된 기마로 이정표

　오늘 아침 그 근엄해 보이던 청와대 정문도 말없이 사진 촬영에 기꺼이 응해 준다. 정문 좌우로 국보급의 붉은 소나무(홍송)가 사람은 떠나도 그 자리에 열을 지어 변함없이 도열한다.

　우리가 격정을 토하던 청와대 비서실 건물 앞에는 '연풍문'이라는 그럴싸한 카페가 생겨 민간 지역으로 재탄생했음을 과시하고 있다. 기왕에 스타벅스라도 들어서면 더욱 돋보이지 않았을까!

　긴장과 기대 속에 청와대 앞을 가로질러 춘추관에 도착하니 시간이 6시 45분경이다. 근무를 시작하려는 직원에게 물으니 등산 코스는 7시부터 개방이라 말한다. 자! 이제 문이 열리면 청와대 경내로 북악산에 올라간다. 환상 속 나의 추억 속으로 들어가는 것이다.

궁정동, 그때 그 사람!

청와대 동쪽 춘추관 개방 코스는 하절기에는 7시에 열린다. 춘추관 건물을 통과하면 북악산 입구는 시멘트 포장도로로 시작한다. 정취 있는 등산로를 상상한 사람은 크게 실망할 수 있다. 이 길은 경계 활동을 원활히 하기 위한 순찰 도로라

청와대 춘추관─전망대길, 일명 기마로라고 한다.

할 수 있다.

도로 좌측에는 청와대 경내를 넘볼 수 없는 4~5미터 높이의 기와가 덮인 돌담이다. 우측은 나무가 우거져 있으나, 그 숲속은 2중, 3중으로 둘러싼 철책이다. 마치 군사분계선의 철책을 보는 듯 마음이 무거워진다.

철제 펜스가 있는 저곳에는 1970년대 중반까지도 친구들이 살던 정겨운 주택이 있었는데 그 집과 친구는 어디로 갔을까? 난 그 집에서 가정교사 아르바이트를 하며 오르내렸었다. 드라이한 포장길을 실망스러워하며, 약 15분 정도 그 바위 언덕을 오르면 '백악정'이라 명명한 미니 쉼터에 도착한다.

역대 대통령들이 산책하며 쉬던 휴식터다. 일설에 의하면 등산을 좋아하던 문

청와대 동쪽 코스 담장과 철책

대통령의 휴식처, 백악정

재인 대통령이 가장 자주 올라와 쉬어갔다는 곳이다. 이곳을 지키던 수방사령부
예하 군부대의 전망 초소를 개조한 듯 임시 건물은 검소하고 투박하였다. 권력은
제왕적 권력을 가졌으나, 시설과 규모는 필부들이 쉬어가도 부담 없는 평범한 군
사 휴게시설이었다.

　백악정에서는 경복궁과 남산, 서울시내가 선명히 조망된다. 시내 나들이가 쉽
지 않은 대통령으로서는 짬만 되면 산책하기 적당한 장소였다. 등산객 한 명도 만
날 수 없는 외진 곳에서, 혼자 고독하게 지낼 수밖에 없는 권력자의 자리였다.

　정자 앞쪽에 코스모스가 활짝 피어 바람에 흔들린다. 나그네가 느끼는 가을 정
취는 권력자의 산책만큼이나 고적하며 한가롭다.

백악정 앞, 코스모스 정원

백악정을 돌아 오르면 북악의 산 모습이 조금씩 나타난다.

200미터를 돌아 청와대 전망대라고 이름 붙여진 곳에서 우리는 어마어마한 철책선과 CCTV, 서치라이트를 다시 만나게 된다. 권부를 지키는 자의 조바심을 깊게 느낄 수 있다.

멧돼지는커녕 다람쥐 한 마리도 통과하기 어렵겠구나! 북악의 깊은 상처가 아른거린다.

이 어둠의 시설 하나하나를 거둬들여야 하는 시간이 왔음을 감지한 것은 청와대 개방이 가져다준 희망이었다.

천하를 호령하는 임금도 이곳에서 다시 돌아가야 그의 보금자리가 있는 것

권력의 조바심. 북악의 깊은 상처 철조망

이다. 이제 나그네는 출구인 칠궁 쪽으로 회귀한다. 오를 때의 그 회색 시멘트 도로에 철책선, 그리고 교도소 담장만큼이나 높은 돌담길을 끼고 가파른 길을 내려가야 한다. 철수한 경계초소에는 먼지가 쌓이고 거미줄이 내려온다. 아, 벌써 이들이 집을 비운 지 백일이 지났구나!

친구들이 다니던 학교 경복고 건물이 보인다. 경복고 교가에는 "북악을 등지고 솟아난 이곳…"이라 하여 북악산의 기상을 노래한다. 철조망에 막혀있던 저들도 이제는 마음껏 북악의 기상을 호흡할 수 있겠지.

도로의 자동차 소리가 가까워진다. 대통령실 요원들이 사용하는 아파트가 가

청와대 기마로 서쪽 코스

까워진다.

　조선 여인들이 영원히 숨 쉬는 곳 칠궁으로 들어선다. 한 많은 후궁들의 신위가 안치된 곳, 단아한 한옥에 가을 햇빛이 따사롭다. 고종의 후비 엄 귀비의 신위도 이곳에 있었다. 세상을 한 손에 쥐고 주무르던 영특한 명성황후의 눈치 속에 고종과 싹튼 엄 비의 연담이 흥미롭구나!

　로터리로 나서면 광장에 무궁화꽃이 만발하다. 개방에 들떠 모여든 관광객들로 분주하다. 이곳 무궁화광장은 조선 말기 권력을 쥐고 흔들던 안동 김씨(장동김문) 김상헌, 김수항 일족이 뿌리를 내린 곳이기도 하다. 안동 김씨 후손들이 세운

후궁들의 안식처, 칠궁

기념석이 박정희 대통령의 비극을 희
석시키는 듯 방문객들은 관심이
없다.

이곳 궁정동 한구석에서 40여 년
전, 1979년 10월 26일 비정한 권력
암투가 벌어진다. 박정희 대통령이 김
재규 중앙정보부장에게 암살당한 곳
이다.

노래를 부르고 시중들던 대통령의

김상헌 집터, 안동 김씨 세도정치로 이어진다.

궁정동 안가 터, 박정희 대통령의 시해 장소

두 여인도 이제 어느 곳에선가 이곳의 비극을 되살리며 청와대 개방을 회상하겠
지…

　"비가 오면 생각나는 그 사람! …. 언제나 말이 없던 그때 그 사람"

금단의 북악산, 역사의 길

　50년간 금단의 산이었던, 북악산 길을 어떻게 걸어야 옛 정취와 현대의 변화를 동시에 감상할 수 있을까?

　첫 번째 코스는 개방된 청와대 춘추관 내부로 들어가 백악정–만세동방 바위–청운대– 1.21사태 소나무–북악(백악)산 정상–창의문(자하문) 고갯길로 하산하는

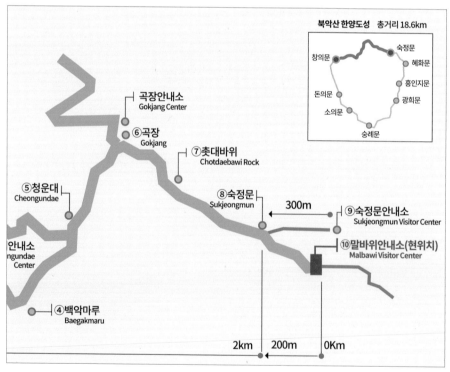

북악산 한양도성, 숙정문–창의문 코스

데크로 시작되는 삼청공원 입구

길이다. 이 길은 최단 코스로 정상에 오를 수 있고 권력의 심장 청와대의 의미를
되새겨 보는 장점이 있다. 철조망과 군사시설로 중첩된 이 길을 나는 '권력의 길'
이라 명명했다.

　다른 코스는 삼청공원에서 시작해 말바위−숙정문−촛대바위−곡장성벽−청운
대−북악산 정상으로 가는 종주 코스다. 코스가 길고 체력을 요한다. 이 길은 한
양도성 성벽을 옆에 두고 등반 도중 조선의 역사를 만나는 '역사의 길'이라 할 수
있다.

　'역사의 길' 코스를 택했다.

도심의 신비, 삼청계곡

삼청공원 삼거리에서 우측 삼청공원으로 들어서면 코스는 시작된다. 새벽의 삼청공원 공기는 상큼하고 신선했다. 숲은 위대한 자연의 창조물임을 다시금 느끼게 한다. 도심에서 이런 정적과 고요 속에 신선한 공기를 마실 수 있음은 큰 행복이다. 청와대와 근접하고 공원으로 지정되어 보전되었기 때문이다.

북악산은 서울 도심의 허파와 같은 곳이다. 삼청공원 내에는 어린 시절 놀던 물길이 끈질기게

한양도성 능선, 50리 길

여명의 북악산, 광화문에서 조망하다.

생명을 이어 작은 폭포를 이루며 계곡을 만든다. 도로를 뚫고 터널을 만들어도 경이롭게도 물길은 버텨온 것이다. 가재를 잡고 물장구치던 그 시절 친구들 다 어디로 갔을까?

　여기서 북악 능선의 끝 바위인 말바위 전망대 쪽으로 돌아 오른다. 산으로 오르는 계단은 우드테크와 마대로 포장되어 걷기에 편하다. 곧이어 말바위가 나타난다. 여기서부터는 등산로와 한양도성 성곽길이 일치하며 군의 작전 순찰로와 동일하다. 조선시대에도 성벽은 수비군의 순찰로였음은 시간이 흘러도 다를 것 없었다.

　조선의 태조 이성계는 1392년 역성혁명으로 왕조를 탄생시킨다. 고려의 수도

숙정문 성곽 코스, 역사의 길

개경의 국운 쇠퇴설을 주장하며 1394년 고려왕조의 별궁이던 남경(한양)으로 도읍을 정하고 왕궁을 북악산 아래 신축하기로 결정한다. 북악(백악)산을 주산으로 우측에 인왕산, 좌측에 낙산이 위치하고 남산(목멱산)이 전방을 가려 지리적 군사적 최고 요충지를 선택한 것이다. 그리고 경복궁을 창건하고 궁을 보호하는 성곽을 쌓아 동서남북 4대 명산을 연결한 것이 한양도성이며, 현재의 수도 서울을 이루게 된다.

한양 천도(遷都) 결정은 누구의 머리에서 나왔을까? 개경의 구세력을 혁파하고 주도권을 확보하려는 이성계의 포석과 왕사 무학대사의 지혜, 건국공신 정도전의 판단이 큰 기여를 하게 된다. 특히 정도전은 수도의 건설과 도성의 축성까지 새

개방된 숙정문, 사대문의 북쪽 문

왕조 건설의 최고 주도자이며 실력자가 된다. 그러나 유교적 이상 정치를 꿈꾸던 정도전은 현실적 패권정치를 주도하던 이방원(태종)의 힘에 패퇴하고 역사의 뒤안길로 물러나게 된다.

이제 숙정문으로 향한다. 여기서부터는 코스를 잃거나 걱정할 필요가 없다. 성곽을 따라 길이 이어지기 때문이다. 이 성곽은 조선조로부터 500년간 약 3회에 걸쳐 보수 수리되거나 현대에 이르러 보강되어 비교적 그 원형이 보존되었다. 1.21사태 이후로 통제초소와 성곽길 양쪽으로 군사시설, 철조망이나 참호 등이 일정 간격을 두고 신축되었다.

숙정문은 동대문(흥인문), 서대문(돈의문), 남대문(숭례문)처럼 익숙하지는 않다.

삼청각 요정, 최고의 회담 장소

서울 4대 문중 북쪽으로 통하는 정문(북문)이지만 교통도 불편하고 통행량도 없다. 심지어 북쪽은 음기가 성해 불길한 기운을 막기 위해 항상 닫아 두었다는 설이 있을 정도였다. 이 코스도 2007년이 되어서야 민간에게 개방된다. 정권이 교체되면 세상이 자유로워졌다는 생색을 내기 위해 김영삼 정부 이래 북악산 지역은 조금씩 조금씩 통행의 자유가 확보된 것이다.

북쪽으로 보이는 건물이 1970년대 남북적십자회담, 한일회담의 막후 협상 장소로 유명한 전통 건축물 삼청각이다. 고급 요정으로 외국인 관광객을 상대로 기생 파티를 벌여 장안에 화제를 끌던 곳이기도 했다. 변변한 제조업이나 자원이 없던 시절, 여성들이 가발과 신발 제조나 관광사업으로 외화를 벌어야 했던 후진국 한국의 현실이었다.

이어서 성곽길은 이어진다. 곡성, 청운대, 1.21사태 소나무, 북악산 정상까지 오르막길이다. 성곽은 조선 초기에는 흙과 작은 돌로 건설되지만, 후기로 오면서 연마한 석재와 큰 돌로 보강된다. 이 성벽의 건축에는 전국 각지의 노동 가능한 남자들을 군역으로 뽑아 동원했다. 각 구역별로 건설한 책임자와 출신 지역을 기록하여 책임성을 부과하였다. 이를 가리켜 건축 실명제라 하는 해석을 하기도 한다지만, 봉건시대 강제노동이 얼마나 가혹했을지 만리장성 축조 과정을 보면 알 수 있다.

북악산(백악산) 정상에서 젊은 청년 대여섯을 만나 잠시 대화를 나눈다. 간단한 트래킹 차림으로 물병과 간편식만을 휴대한 채 뛰는

구역별로 건축실명제가 적용된 성곽

백악 정상 옛 성벽과 1.21 상흔

북악 정상. 상상 속의 바위에 자유가 묻어난다.

북한산 전경. 북악의 병풍

걸음으로 움직인다. 오늘 내에 북악과 인왕산 20여 km를 뛰며 산악구보를 하는 팀이다. 북한의 김신조 부대가 68년 1월 21일 야간에 침투한 방식이다. 자유가 살아난 길에 MZ 청춘들의 꿈과 열정이 끓어오른다.

북악산 정상에서 창의문(자하문)까지는 데크로 이어지는 급경사 하강 길이다. 평창동 전경과 북한산의 능선이 파노라마처럼 펼쳐진다. 탕춘대에서 비봉 노적봉까지 장인의 병풍처럼 서 있다. 등산로 아래로 북악스카이웨이가 구불구불 이어진다. 1.21사태 이후 북악산에 군경의 출동을 신속하게 이루기 위한 작전 도로로 개설되었지만, 서울의 관광명소가 되었다. 팔각정에서 먹던 스테이크와 커피 맛이 진하게 다가온다.

창의문(자하문) 고개가 보인다. 1960년대까지 서울 북쪽은 여기까지였다. 버스는 이곳 정상까지만 운행되었다. 그리고 능금과 자두가 뒤덮은 세검정 계곡은 서울시민들의 별천지 물놀이터였고 나들이 소풍 가는 명소였다. 대원군과 조선의 고관대작들은 이곳에 별장을 지었고, 1970년대 이후 평창동에는 한국의 부자들이 북악의 기운을 받으려고 모여들

창의문, 일명 자하문, 세검정 가는 길

었다.

　창의문 고개 옆으로 새로운 명소
윤동주 문학관이 건설되었다. 인왕
산 밑에 거주하던 연희전문 학생 윤
동주가 이곳에서 별을 헤며 서시(序
詩)를 구상하였다.

윤동주 시비, 연희전문 시절 오르던 동산

인왕산 도성길, 홍난파와 테일러

　서울 사대문 한양도성(한성) 길은 조선 500년 역사를 오롯이 품고 있는 무궁무진한 길이다. 서울의 북문(숙정문) 도성길이 청와대 개방으로 금단의 구역에서 벗어나면서 시작한 북악산 나들이는 이제 인왕산으로 향하게 된다.

　인왕산 도성길은 종로구 평동 강북삼성병원 사거리에서 서울시 교육위원회, 인

새벽의 인왕산 도성, 고성과 자연의 조화

왕산 능선, 정상을 거쳐 세검정고개의 창의문까지(약 4km, 3시간 소요)를 말한다. 한양도성이 거의 복원되었다지만, 서대문(西大門)은 상상 속에서만 만나는 존재일 뿐이었다. 그러나 이제 나는 서대문의 실체를 빛바랜 사진 속에서 만나게 된다.

그 옛 이름은 돈의문이었다. 위치는 현재의 강북삼성병원 신관 앞 사거리에 있었으며, 일제강점기인 1915년에 전차가 개통되면서 철거되었다는 사실을 알게 된다.

조선 초기 원래 돈의문(서전문)의 위치는 이곳이 아니라 현재의 독립문이 있는 영천에서 사직터널 사이에 있었다. 영천 근처에서 현재의 위치로 옮겨오면서 길의 이름도 신문로(新門路, 새문안길)라 부르게 되었다.

종로구 평동 강북삼성병원 입구에는 경교장(京橋莊)이란 2층 양옥이 있다. 백

전차가 통과하며 사라진 돈의문

임시정부 청사 경교장, 김구 선생의 뿌리

범 김구 선생이 해방 후 환국하여 거처로 사용하며 대한민국 임시정부 청사로 사용한 곳이다. 금광으로 재벌이 된 최창학의 소유였다.

독립 국가의 길에는 거센 소용돌이가 치며 송진우, 장덕수, 여운형 등 수많은 거목들을 삼켜버리는 격랑이 몰아친다.

이곳 2층에서 1949년 6월 26일 현역 육군 소위 안두희의 흉탄에 의해 백범이 서거한다. 백범 서거 1년 뒤, 1950년 6월 25일 북한의 침략으로 남북 간 전면전쟁이 발생하며, 북한군 주력부대도 이 서대문 길을 통해 서울 중앙청을 점령한다.

복원된 성벽과 끊어진 길이 조각조각 이어지며 인왕산 도성길은 민가 건축물 사이를 뚫고 계속된다. 잠시 서쪽을 바라보면 눈이 휘둥그레진다. 우리가 영천이

담소하는 거인 백범

라 부르던 영세민 주택들이 도시재개발로 인해 쾌적한 중산층 아파트 촌으로 변한 것이다. 교남동, 송월동, 행촌동, 이름만 들어도 정다운 곳이 성곽 문밖에 새로운 둥지로 재탄생하였다. 새로운 삶은 평화로우나 여기서도 밀려난 이들은 어느 곳에 둥지를 펼쳤을까?

사직동 성곽길에 들어서기 전 들려야 할 명소가 있다. 봉선화로 유명한 음악가 홍난파 선생(1898~1941)의 자택과 3.1 운동 당시 UPI 통신사 서울 특파원으로 삼일운동을 세계에 알린 알버트 테일러의 가옥 딜쿠샤이다.

'울 밑에 선 봉선화야...〈 봉선화 〉'의 작곡가로 홍영후(호 蘭坡) 선생은 인왕 도성길 서쪽 교남동 언덕, 담쟁이넝쿨이 깊게 두르고 있는 아담한 이층 양옥에 자리 잡고 있었다.

난파는 남양 홍씨 양반의 후예로 일찍이 경성에 정착해 기독교 세례를 받은 아버지의 영향을 받는다. 새문안교회와 YMCA에 다니며 서양 선교사와 교회음악에 접하게 된다. 식민지 시절 그 어려운 여건 속에서 일본 우에노 음악학교와 미국 시카고 셔우드 음악학교에 유학하는 열정을 가진 선각자였다.

성벽 길의 카페, 도성의 휴식처

난파는 식민지 청년으로 우리나라 최초의 바이올리니스트였다. 일본 도쿄 교향악단(현 NHK 교향악단)의 제1 바이올리니스트로 활약했고, 경성방송국(현 KBS의 전신)의 교향악단장으로 현대음악의 선봉이 된다. 그러나 일본의 대륙 침략이 본격화되고 난 후 친일적 활동에 가담해야만 하는

담쟁이넝쿨로 덮인 홍난파의 주택

조선 지식인의 고뇌는 그도 피해 가지 못했다. 그를 친일파로 분류해 업적을 배척하기도 하지만, 해방 70년이 되어가는 시점에서 음악사에 끼친 그의 공과를 구분하여 볼 줄 아는 혜안이 필요할 때다.

음악 천재, 홍난파 흉상

　그의 천재성과 국제성이 전승되어 오늘날 한국 천재 음악가 정명훈, 김선욱, 조성준을 비롯한 여러 명의 클래식 천재들을 배출한 것이 아닐까? 홍난파로부터 K 클래식, 한류의 시발이 된 것이 아닌가 하는 상상을 하는 것만으로도 인왕산 도성길은 가을 하늘 아래 더욱 푸르렀다.

　50여m 북쪽으로 미국인 알버트 테일러(1875~1948년)가 살던 서양식 가옥 딜쿠샤 궁전(1923~1942)에 들러보기로 하자.

　조선 말기 고종은 동양 최대의 금광인 평북 운산 금광 채굴권을 미국인 모스에게 양도한다. 모스와 동업하는 금광업자 아버지를 따라 조선으로 온 테일러는 운산 광산에서 근무한다. 아들 테일러는 삼일운동 당시 UPI 특파원으로 3.1운동과 제암리 사건을 해외로 타전하여 전 세계에 알린다. 서양 기업인이며 언론인으로 극동의 조선에서 코리안 드림을 꿈꾸고 성취했다. 그는 독립문 언덕에 서울에서 가장 크며 수려한 서양식 주택을 짓고 살다가 일제에 의해 1942년 추방당한다.

테일러 가옥, 딜쿠샤, 복원된 식민지 역사

21세기가 되어서야 우여곡절 끝에 이 집이 테일러의 주택 딜쿠샤(희망의 궁전, 힌디어)임이 밝혀진다. 테일러의 혼도 다시 태평양을 건너 서울 외국인 묘지로 돌아온다.

2018년 문화재 당국에 의해 복원된 이 건물은 붉은 벽돌의 아치형 근대 건축양식이다. 100년 전 이런 건축물을 서울 서대문 성곽 밖에 건축하며, 조선인과 교류하고 독립을 성원하며 서양 문화를

인왕산의 명소, 딜쿠샤

전파한 서양인들의 삶은 인왕산 도성길의 보석으로 남았다.

바로 앞에는 5백 년 된 우람한 은행나무가 있어 임진왜란 당시 명장 권율 장군이 출생한 곳임을 말해준다. 동네 명칭도 행촌동(杏村洞)이라 하니 우리는 역사 속

권율 장군 출생지, 행촌동 은행나무

에 살고 있는 것이다.

일본의 개항 도시 고베에 가면 이러한 유형의 문화재가 모여 기타노초 공원을 이루는데, 대단한 관광명소이며 성공한 도시재생 사례로 볼 수 있다.

다시 골목길을 찾아 도성길로 돌아온다. 멀리 인왕산 정상이 아련히 보인다. 인왕산 도성길에는 유난히 청년 탐방객이 많다. 산악 트레킹과 서울 전망 관광을 겸한 가벼운 복장의 트레킹족이다. 암벽으로 이루어진 인왕산 코스는 인공 계단이 아니라면 엄두를 내기 어려운 길이다.

원래 인왕산의 암벽은 등산 입문자들에게 이름이 높았다. 긴 슬라브, 크랙, 침니 모든 것을 갖추었다. 나 또한 고교 시절 토요일이면 이곳에서 암벽 타는 테크

암벽 산 인왕산, 경복궁을 수호하는 우백호

닉을 선배들로부터 배웠다. 내로라하는 학교
의 산악인들은 이곳으로 다 모였다.

　이 코스도 68년 1.21 김신조 사태 이후 전
면 입산 금지되고 YS 정부가 되어서야 해금
된다.

　코스모스가 흩날리는 성벽 길을 따라 암벽
계단을 30여 분 오르면 인왕산 정상에 이른다.

인왕산 정상의 큰 바위. 부조화의 군사 진지

서대문 박마리아, 권력의 종말

인왕산 도성길에서 서대문(돈의문)을 추억하기 위해 5호선 서대문역을 빠져나온다. 강북삼성병원 앞쪽에는 '4.19혁명 기념도서관'이란 건물이 있다. 4.19혁명 기념도서관은 왜 이곳에 들어섰을까?

기억의 시계를 60년 전으로 돌려본다. 1960년 4월 25일 전후일 것이다.

4.19혁명 기념도서관, 구 이기붕 저택

시위대와 진압경찰, 4,19의 상처

"시위의 물결이 전 서울 시내를 덮고 있었다. 초등학교 다니던 학생의 어린 마음에도 커다란 호기심이 발동하였다. 친구들과 아현동을 출발하여 만리동 고개를 넘어, 서울역 로터리로 나섰다. 거리에는 군중이 밀물처럼 몰려다니며 환호성을 지르고 있었다. 무장한 탱크가 출동하여 도로에 진주하고 있었다. 인파는 이미 탱크 위에 올라 태극기를 흔들

이기붕 부통령 집터, 종로구 평동 166번지

며 군인들을 부둥켜안고 환호하고 있었다.

우리는 다시 염천교를 거쳐 서대문 로터리로 움직였다. 수많은 사람이 모여 구경하고 있는 한 넓은 주택에 들어섰다. 입구는 이미 난장판이었고, 호화로운 가재도구와 소파 의자 등이 부서져 나뒹굴고 있었다. 철 이른 수박이 산산조각이 나 피를 토하듯 땅바닥에 널브러져 있었다. 남루한 걸인풍의 인간들이 부서진 가재도구를 넘나들며 무엇인가를 열심히 줍고 있었다."

1960년 4월 중순 개나리 진달래가 피어있는 봄, 당시 국민학생으로 목도한 자유당 정권의 2인자, 이기붕

혁명도서관 정문, 이기붕 집터 정문

(1896~1960)의 새 문밖(서대문 밖) 집 모습이었다. 그 집을 당시 시민들은 '서대문 경무대(청와대)'라고 불렀다.

맞은편 동양극장(현 문화일보 터)에도 군중이 몰려 다니며 간판과 의자를 부수고 화새로 인해 연기기 피어오르고 있었다.

시위 군중의 분노는 이기붕을 넘어 그의 부인 서대문 박마리아를 향하고 있었다. 박마리아는 어떻게 해방 후 정관계의 막후 실력자가 되었을까?

박마리아(1906~1960.4.28)는 강원도 강릉 출생으로 빈곤한 가정에서 일찍이 기독교에 입문한다. 집안 형편은 매우 각박했지만 어려서부터 총명했고 싹싹하였다. 외국인 선교사들에게 어린 시절부터 각별한 총애를 받는다. 그들의 도움으

이기붕 일가, 군복의 이강석

로 기독교 계통의 호수돈여고와 1928년에는 이화여전 영문과를 졸업한다. 영어 교사로 근무하며 선교사들의 주선으로 1932년에 미국 테네시주 스칼렛 대학과 피바디 대학에서 석사과정을 마친다.

일제 식민지 시절 척박한 운명을 개척해 나가는 전형적인 조선의 기독교 신여성이었다.

귀국 후 1934년, 10년 연상인 미국 유학생 출신 퇴락한 양반 후예 이기붕과 결혼하게 된다. 1935년부터 해방까지 YWCA 총무로 활동하며 일찍이 여성 사회 운동을 이끈 기독교계 여성 인물로 등장한다.

1945년 해방으로 미군정이 실시되고 이승만 박사가 귀국하며 그녀는 물 만난 고기처럼 튀어 오르게 된다. 영어에 능통하며 사교성이 뛰어난 성품으로 이승만 박사의 부인 프란체스카의 오른팔이 된다. 이화여대와 개신교의 인맥, 미국 유학

구 동양극장 터 현 문화일보

으로 닦은 영어 실력은 해방정국에서 최고의 힘이었다. 온순한 성향의 남편 이기붕의 출세에 진력하게 된다. 박마리아 자신도 '대한부인회' 회장과 이화여대 동창회장을 배경으로 각계에 막강한 영향력을 행사하게 된다. 이기붕은 이에 따라 이승만 대통령의 비서실장, 서울시장, 국방장관, 국회의장 자리로 영화를 누리며 권력의 2인자로 등극한다.

1957년에는 자식이 없는 이승만에게 장남 이강석을 양자로 입양시켜 이기붕가의 권세는 하늘을 찌를듯한 형국이었다. 박마리아는 이승만 대통령이 노령으로 물러나면 부통령인 이기붕을 후계자로 만들 거대한 책략을 꾸미고 있었다.

1960년 시행된 3.15 대통령선거에서 관권의 조직적인 선거 개입이 드러나고, 부정선거를 규탄하는 시위가 각급 학교를 중심으로 대규모로 확산한다. 마산상고 학생 김주열 군이 시위 중 행방불명되었다가 마산 해변에서 최루탄에 맞은 사체가 인양되자 여론은 끓어올랐다. 4월 19일 대학생과 고등학생 3만여 명이 부정선거를 규탄하며 경무대(청와대) 행진을 시도했다. 마지막 방어선에서 경찰의 발포로 130여 명이 사망하고 천여 명이 부상하는 사태가 발생한다. 민심은 급변하여 이승만의 하야와 3.15부정선거 책임자 처벌로 확산된다.

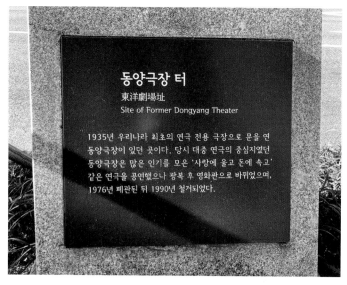

동양극장 터석. 예술극장도 정치에 오염되어 사라진다.

성난 시위대가 집권당인 자유당사, 관제언론 서울신문, 서대문 이기붕 자택, 자유당의 무대 동양극장을 습격한다. 이기붕은 가족과 함께 경무대 안가로 급히 피신한다. 안가에서 사태를 살피던 중 대세가 이미 기울었음을 알게 된다. 4월 28일 이기붕의 장남 육사 14기 출신인 현역 육군 소위 이강석은 권총으로 아버지 이기붕, 어머니 박마리아, 동생을 사살하고 본인도 자살하게 된다.

육사 출신 청년 장교의 마지막 용기가 그들의 비루한 마지막 모습을 하늘로 날려 보낸 것일까?

출중한 한 여인, 새문 밖(서대문 밖) 박마리아의 권력극은 55세의 나이로 이렇게 종말을 고하게 된다.

민비 이후 최고의 권력을 가졌던 여인 박마리아의 자택은 이후 국가에 환수되고 4.19혁명 희생자를 기리는 혁명 기념도서관이 건립된다. 자유당의 각종 집회가 열려 습격받았던 조선 최초의 예술극장 동양극장도 철거되며 문화일보 사옥으로 변신한다.

우리는 집단 기억상실증에 사는 것일까? 50년 뒤 한국 정치에는 또 다시 최순실이라는 여인이 등장하여 불쾌했던 박마리아의 반동적 역사를 반복하게 된다. 인왕산 한양도성 답사길에서 비극의 현대사를 만난다.

에필로그

2022년 봄, 청와대개방에서 본격적으로 시작된 나의 서울지역 근대 역사 기행은 약 18개월간 계속되었다. 우리 역사에서 근대사 분야는 관심이 많은 분야인지라 수많은 역사 전공자뿐만 아니라 많은 인문사회학자, 저널리스트들이 그들 나름대로 정리하고 연구해놓은 성과물이 있었다.

필자가 시도한 '거리에서 근대 역사 찾아다니기'는 다른 사람이 이미 시도했든 안 했든 상관없었다. 왜냐하면 서울은 내가 태어난 곳이고 내 꿈이 익어간 곳이어서, 거리를 찾아다니는 것만으로도 추억 속에 즐거울 수 있기 때문이었다. 거리거리와 골목 골목이 반가운 나의 향수였다. 이는 독자 누구라도 가질 수 있는 권리라 생각한다.

백 팩을 메고 스마트폰 카메라, 네이버 지도, 보온 물병, 일정 메모장 등이 나의 답사 장비였다. 해외 답사와는 달리, 교통편으로 전철을 무료 탑승할 수 있으니 부지런히 발품만 판다면 크게 비용이 들어갈 게 없었다.

눈 속에 처음 찾은 곳은 정동 거리와 덕수궁이었다. 외국 공사관과 개화기 기독교, 여성 교육 요람의 흔적이 대체로 잘 보전되어 있어 그 감회는 새로웠다. 미국, 러시아를 필두로 하여 외교관, 선교사들의 근대 역사가 가까운 거리에 집중되어 있어 서너 차례만 다녀오면 쉽게 익숙해지는 곳이었다.

두 번째로 찾아다닌 곳은 경복궁과 창덕궁 사이의 북촌, 가회동 삼청동 안국동 거리였다. 이곳은 조선의 권세가 양반들의 보금자리로 엘리트들의 거리였다. 가히 근대사의 보고였다. 사전 기획과 설계가 있어도 최소 5회 이상은 다녀야 지리감이 눈에 들어오는 상당히 넓고 복잡한 곳이었다.

현법재판소 내 정원에서 만난 박규수, 홍영식의 집터, 정독도서관 구 경기고 교정에서 본 김옥균, 김홍집, 서재필의 집터는 두고두고 잊히지 않는 명당이었다. 그러나 명당에서 태어난 그들의 운명은 근대사의 회오리 속에서 역적으로 몰려 참혹한 죽음을 맞는다.

조선의 근대 역사는 명당이 가문의 성쇠를 좌우하게 하지 않았다. 명문 학교들이 즐비했던 이 지역은 궁궐이었거나, 양반의 저택이었다. 친일 인사들에게 매각되어 상속되며 현대적 빌딩이나, 학교법인으로 변해 친일재산 환수 문제가 깊게 그늘지어 있었다.

세 번째로는 대원군의 저택 운현궁 터와 인사동 견지동 낙원동 관훈동으로 이어지는 종로 1~2가 청계천이었다. 이곳은 운현궁과 조계사 앞 우정국 청사를 제외하고는 모두 상업지역으로 변해 유적이 멸실되고, 주춧돌만 남아있는 곳이 대부분이었다. 그것마저 찾아보기 어려운 곳도 있어 매우 난감한 곳이었다. 근대의 선구자 유홍기, 오경석의 거주지가 종로와 청계천에는 흔적이 전혀 없었다. 면밀한 사전 기획으로도 부족해 현지에서 수시로 묻고 찾아다녔다.

다음으로는 경복궁의 서쪽, 서촌의 효자동 청운동 부암동 부근이었다. 청와대 무궁화동산 내의 장동 김문(신 안동 김씨)의 유구한 집터는 박정희 대통령 사망 현장임을 확인한 것이 수확이었다. 인왕산 도성과 자하문 밖 세검정의 윤웅렬 가를 찾아가 시대의 석학 윤치호를 만나며 윤치호 가문을 통해 조선 말기 양반가의 실상을 알 수 있었다.

서대문 현저동의 일본공사관 부지와 명동 중국대사관을 찾아보며 주변 강대국들의 조선 침략 시도를 확인한다. 한양도성 사대문과 성균관이 있던 명륜동 성균관대학교, 신촌 봉원사, 돈암동 흥천사, 보문사, 화계사, 독립문공원, 공덕동 아소정, 마포 양화진의 외국인 묘지를 찾았다.

공덕동 아소정을 출발해 경복궁 건청궁으로 진출하는 새벽은 외세 일본에 영합한 대원군의 권력욕이 진동하는 침통함으로 발길이 몹시 무거웠다. 궁궐을 버리고 탈출하는 고종의 심정으로 경복궁 강녕전을 나와 광화문 내수동을 거쳐 서대문 러시아공사관까지 아관파천의 길을 걸어보았다.

부패한 왕족과 양반들의 행태를 확인차 남대문의 한국은행 화폐박물관을 방문하게 된다. 당시 단위로 화폐를 환산하며 거대한 부패와 낭비 규모를 확인하면서 몹시 허탈했다. 서양인이 언급한 거대한 약탈국가란 말을 실감했다.

외국 문물이 유입되는 경로는 예나 지금이나 항구와 공항 그리고 육로로 연결된 세관이었다. 그중에서도 서울의 관문인 인천은 근대화의 첨단 항구였다.

인천 제물포항과 차이나타운, 개항 거리는 현재에도 살아 움직이는 근대의 유적이 남아있었다. 서울과 인천을 연결하던 육로와 뱃길에 마침내 경인선 철길이 뚫리며, 근대의 기적이 외세에 의해 울려 퍼졌다. 월미도 개항박물관에서 개척의 선구자들이 연해주와 하와이로 떠나는 모습은 장엄한 행진곡처럼 가슴을 울렸다.

근대의 유적의 보존이 가장 잘된 곳은 궁궐이었다. 보존되었거나, 복원된 경복궁 창덕궁 그리고 덕수궁 등 고궁은 가히 보물이었다. 왕들의 공간이면서 시대적 갈등 해결의 결전장이었기 때문에 그 중요성은 말로 다 하기 어려울 정도다. 전각 하나하나는 역사가 축적된 공간이다. 그 의미를 사전에 공부하고 정리해야 궁궐들의 실상이 눈에 보인다.

시대는 약간 다르지만 인왕산 도성길에서 만난 일제강점기 유적에 자연스레 발길이 가게 되었다. 음악가 홍난파의 아담한 집과 미국 기업인이며 AP통신 기자로 3.1운동을 외국에 타전한 테일러의 딜쿠샤 저택, 4.19 혁명도서관의 박마리아 이야기를 추가하게 되었다.

동학농민혁명은 농민이 주도한 혁명으로 현장이 전라 충청 지역이어서 다루지 못했으나, 근대화의 커다란 기폭제가 되었음은 우리 모두가 알고 있는 사실이다.

18세기 말에 중국으로부터 전래한 천주교의 전파와 박해 과정도 근대사의 일부로 다루기에는 시기가 다르고, 내용이 방대하여 다루지 못했다 서울에서 인천까지 18개월 동안 근대사의 흔적을 따라 마치 훈련된 마약견처럼 구석구석을 찾아다니려 했다. 비정함과 침통함으로 비감에 젖기도 했지만, 현장을 찾아내는 성취감으로 환희의 시간도 있었다. 홀가분하게 단기필마로 다녔으나, 궁금해하는 아내 권미정을 이해시키기 위해 몇 번 동반하였다. 부족한 역사 지식을 보충하기 위해 저명한 역사가들의 책을 구독하는 과정은 필수적이었다.

일일이 거명하지 않고 인용함은 나의 책이 전문역사서라기보다는 역사 기행 성격의 책이라는 점을 감안하면 양해가 될 수 있을 것이다. 주류성출판사의 최병식 회장께서 힘들어할 때마다 용기를 주셨다. 네이버 블로그에서 보여준 많은 이들의 격려와 공감이 여기까지 올 수 있도록 이끌어 주셨다.

근대 역사의 거리는 생각하며 걷는 자의 것이다. 우리에게는 단단한 두 다리가 건재한다. 두 다리가 건재한 우리는 근대 역사의 거리에서 주인공이 될 수 있다.

근대 역사의 현장으로 가서 걷고, 보고, 느끼고, 기록하고, 상상해 보자!

"꺼지지 않을 불길로 타올라라!"
Blaze with the fire that is never extinguished"
– Luisa Sigea, 16세기 시인

동한제에서   이천 이택순

격동하는 개화기 조선 기행

- 이택순 근대 역사 기행

지은이 이택순
펴낸이 최병식
펴낸날 2024년 2월 20일
펴낸곳 주류성출판사
서울특별시 서초구 강남대로 435 (주류성문화재단)
TEL | 02-3481-1024 (대표전화) • FAX | 02-3482-0656
www.juluesung.co.kr | juluesung@daum.net

값 24,000원
잘못된 책은 교환해 드립니다.

ISBN 978-89-6246-523-5 93910